Geschichte und Geschichten aus Königsbrunn

Verfasser: Rainer Linke, Albert Teichner, Karl Bauer

Herausgeber: Stadt Königsbrunn 1991
Verantwortlicher Redakteur: Hans Einsle
Gesamtgestaltung: Oliver Kuhn

Kurztitel:	Geschichte und Geschichten aus Königsbrunn
ISBN:	3-924619-03-4
Verlag:	Stadt Königsbrunn, Marktplatz 7, 8901 Königsbrunn
Satz- u. Litho:	Fotosatz Schäffler, Königsbrunn
Herstellung:	Druckerei Dotzler, Königsbrunn

Inhaltsverzeichnis

Zum Geleit .... Seite 5

I. Teil Rainer Linke
Aus der Vor- und Frühgeschichte
Archäologie in und um Königsbrunn .... Seite 7
Neolithikum... Seite 9
Bronzezeit.. Seite 10
Urnenfelderzeit .... Seite 14
Hallstattzeit .... Seite 25
Laténezeit .... Seite 40
Römerzeit .... Seite 41
Frühes Mittelalter .... Seite 53
Mittelalter... Seite 56

II. Teil Albert Teichner
Beiträge zur Geschichte von Königsbrunn
Das Lechfeld und seine Bedeutung .... Seite 59
Die Lebensverhältnisse zu Beginn des 19. Jahrhunderts .. Seite 68
Die ersten Kolonisten...................................... Seite 74
Vom Kolonistendorf zur Stadt .... Seite 98
Interview mit Altbürgermeister Friedrich Wohlfarth ...... Seite 98
Die Amtsübergabe.. Seite 131

III. Teil Karl Bauer
Geschichten aus Königsbrunn
Episode anno 1841.. Seite 138
Aus dem Brauchtum .... Seite 142
Volksbräuche um Liebe und Heirat .... Seite 145
Die alten Lechauen .... Seite 157
Sagen und Legenden .... Seite 161
Königsbrunner Erinnerungen .... Seite 167
Unser Lechfeldmuseum .... Seite 185

Zum Ausblick... Seite 191

Anhang: Statistiken der Stadt Königsbrunn .... Seite 197

Literaturnachweise... Seite 212

Bildnachweise.. Seite 215

Zum Geleit

Grüß Gott!
Liebe Leserinnen und Leser,
Sie haben dieses Buch zur Hand genommen, um darin zu blättern, um sich zu informieren. Damit beweisen Sie Ihr Interesse an unserer Heimatstadt, an ihren Besonderheiten, an ihren Bewohnern und an ihrer Geschichte.
Vor nunmehr 150 Jahren wurde „Zur Folge höchster Entschließung vom 4. Jänner d.J. 1842" die Kolonie Königsbrunn zur selbständigen Gemeinde mit eigener Gemarkung erhoben.
Nach 125 Jahren positiver Entwicklung konnte dann im Jahre 1967 die Stadterhebung festlich begangen werden.
Deshalb ist das Jahr 1992 für unsere Stadt und ihre Bürger in zweifacher Weise ein Jubiläumsjahr: Königsbrunn besteht nun 150 Jahre und davon 25 Jahre mit dem Prädikat „Stadt". Sicher Grund genug zum Feiern! Natürlich bedeuten 150 Jahre bzw. 25 Jahre im geschichtlichen Zeitablauf einer Gemeinde nicht allzuviel. Aber trotzdem sollen diese Daten nicht übergangen werden, denn sie zeugen vom Entstehen unseres Ortes, von den Nöten der Gründerjahre, von Kriegszeiten, von Flucht und Vertreibung, von Neuanfängen, von der Tüchtigkeit der Bürger; auch von Glück und Zufriedenheit, von hoffnungsfrohem Schaffen, von Geborgenheit und Heimatverbundenheit.
So wollen wie dieses Doppeljubiläum würdig begehen. Wir wollen uns freuen an Erreichtem und hoffen, daß auch die Zukunft unserer Stadt und ihren Bürgern nur Gutes bringt.
Dieses Buch nun soll Ihnen vor allem Freude bereiten und soll auch dazu beitragen, Verständnis zu wecken und die Verknüpfung mit der Vergangenheit lebendiger im Bewußtsein werden lassen.

Ihr
A. Metzner
1. Bürgermeister

Rainer Linke

I. Aus der Vor- und Frühgeschichte

Königsbrunn, eine junge Stadt mit einer archäologischen Vergangenheit

Das Lechfeld

Die Entstehung des Lechfeldes, das von Landsberg im Süden bis nach Thierhaupten im Norden reicht, ist in der jüngeren Abteilung des Quartärs, einer zeitlich früheren Periode der Erdneuzeit (Neozoikum), zu suchen. Eine ganze Anzahl von Eiszeiten ist heute bekannt, davon waren die letzten die wichtigsten für die Entstehung der Menschheit. Benannt nach schwäbischen und bayerischen Flüssen wie Biber, Donau, Günz, Mindel, Riß und Würm sind sie heute weit über die Grenzen Deutschlands hinaus bekannt. Die letztere, die jüngste, war die „Architektin" des Lechfeldes. Sie führte die Regie vor rund 130 000 Jahren und war verantwortlich für Form, Gestalt und Lage der Landschaft. In dieser Zeit legten Gletscher mächtige Schottermassen in den Talböden ab. Während auf der im Westen liegenden Hochterrasse eine fruchtbare Lößschicht mit hoher Kalkanreicherung und feiner Staubablage den Schotter überdeckte und somit intensive Landwirtschaft ermöglichte, fehlte der Niederterrasse, dem Lechfeld, eine ebenbürtige Abdeckung, und die schwache Humusschicht ließ nur geringes Wachstum zu. Das war der Grund, warum vor 150 Jahren die Bobinger Bauern den Kolonisten aus dem Donaumoos bereitwillig das unfruchtbare Gelände im Osten, nahe dem Lech gelegen, überließen. Erst durch intensive Bearbeitung konnte der Boden nutzbar gemacht und ein Ertrag erarbeitet werden.

An den Ufern des Lechs breiten sich riesige Auenwälder aus. Nach Westen hin werden sie von heideartigen Wiesen mit kümmerlichen Holz- und Buschwerk abgelöst. Im Zuge der Bevölkerungszunahme drängte der Mensch die Wälder und auch den Lech immer weiter zurück. Nicht immer duldete der wilde und ungezähmte Fluß den Eingriff des Menschen. Durch extreme Überschwemmungen überzog er weite Flächen mit Erde, Schlamm und Schotter. Dabei wurde oft guter Boden ein Opfer der Überflutungen, und mancher Bauer mußte den Acker von neuem bestellen, um erst nach Jahren einigermaßen erträgliche Ernteergebnisse einzufahren. Erst in den 20er Jahren konnte der Lech endgültig in sein heutiges Bett gezwungen werden. Frühere Meinungen, daß in dem unwirtschaftlichen Gebiet des Lechfeldes wenig Menschen gesiedelt haben, treffen für die Vor- und Frühgeschichte – das beweisen die archäologischen Untersuchungen – nicht mehr zu. Im Gegenteil: Wasser und Straßen – wie z.B. die Via Claudia – luden die Menschen immer wieder zum Siedeln und Wohnen ein. Als wichtigste Verkehrsader verband die Via Claudia das Mutterland Italien mit dem barbarischen Germanien (bärtigen Germanen). Auch wenn sie am Anfang nur militärischen Zwecken diente, wurde sie später überwiegend für den Handel in ferne Länder und Städte benützt. Sicher ist, daß vom frühen Mittelalter bis in die Neuzeit (Anfang 19. Jahrhundert) die Besiedlung auf dem Lechfeld völlig in Vergessenheit geriet. Das kam wiederum der Archäologie zugute, denn es fanden kaum Zerstörungen an den archäologischen Befunden statt. Heute wachen Wissenschaftler, Mitarbeiter des Arbeitskreises für Vor- und Frühgeschichte, Heimatforscher und geschichtsbewußte Bürger über die Bauaktivitäten im Landkreis, und tagtäglich treffen Meldungen über bevorstehende Störungen und Zerstörungen im Landesamt für Denkmalpflege in Augsburg ein. Die Behörde kann dabei oft nur noch Rettungsgrabungen durchführen, meist mit ungeheuerem Zeitdruck im Nacken, doch gelingt es trotzdem in vielen Fällen, Funde und Befunde zu retten.

Archäologie in und um Königsbrunn

Was ist Archäologie?

Archäologie bedeutet ursprünglich: „Kunde von der Vergangenheit". Auch in der heutigen Zeit hat sich daran nichts geändert. Immer noch sind Begriffe wie Geheimnis, Entdeckung, Gold, Silber, Schätze, Schmuck, Waffen – um nur einige zu nennen – eng mit der Wissenschaft Archäologie verbunden. Spontan fallen dem Leser Berichte über geheimnisvolle Länder wie Babylonien, Ägypten, Türkei, Kreta, Griechenland oder Italien ein, hörte man von antiken Städten wie Ninive, dem sagenumwobenen Troja, den geschichtsträchtigen Städten Rom, Athen oder Sparta. Bekannte Archäologen, die an solchen Stätten graben durften und ungeheure Schätze bargen, standen oder stehen noch heute im Licht der Öffentlichkeit. Funde, wie sie aus materieller Sicht im Landkreis oder auf dem Stadtgebiet von Königsbrunn geborgen wurden, sind nicht so wertvoll, und die Fundmeldungen nehmen keine ganzen Seiten in Illustrierten oder Zeitungen ein. Für den heimatlichen Forscher und Archäologen, der die Zeugnisse der Vergangenheit oft unter ungeheurer Anstrengung mit Geduld und Liebe ausgegraben hatte, sind sie wertvoller als irgendein Goldschatz. Noch so kleine Funde sagen oft mehr aus und stellen bis dahin gültige Theorien und Aussagen von einer Minute zur anderen auf den Kopf. Der Meinung, zur frühkeltischen Zeit haben im Augsburger Raum nur wenig Kelten gesiedelt, kann heute widersprochen werden, Siedlungsbefunde aus der Späthallstattzeit gibt es heute in Königsbrunn an mehreren Stellen. Über zehn Kreisgräben im Stadtgebiet, wie auch eine Besiedlung in der Hunnenstraße und auch an der Wertachstraße oder Brandgräber bei der Grundschule West, sind wesentliche Beweise. Im heutigen Stadtgebiet von Augsburg ist eine Siedlung bei Inningen bekannt, Hügelgräber bei Leitershofen und seit neuem auch mehrere Gehöfte aus der Latènezeit wurden oder werden südlich von Augsburg noch ausgegraben. Was Jahrhunderte lang im Boden ruhte, kommt heute, bedingt durch die rege Bautätigkeit und die dabei notwendigen enormen Erdbewegungen, ans Tageslicht. So war bis vor zehn Jahren der Raum um Königsbrunn aus archäologischer Sicht ein weißer Fleck, bestückt mit nur wenigen Einzelfunden und einem Grab aus der frühen Bronzezeit. Königsbrunn selbst war ein Bereich, der praktisch bedeutungslos war, doch das sollte sich ändern, nicht nur durch die Untersuchungen des Landesamtes für Denkmalpflege in Augsburg, sondern auch durch den Arbeitskreis für Vor- und Frühgeschichte, der in der Folgezeit groß angelegte Grabungen vorgenommen hat. Unter der Leitung von Fachheimatpfleger Otto Schneider, Königsbrunner Mitarbeitern sowie Mitgliedern aus dem Landkreis Augsburg – sie arbeiten alle ehrenamtlich – konnten wichtige Erkenntnisse aus der Vergangenheit für Königsbrunn gewonnen werden. Heute ist der Name Königsbrunn unten den Archäologen zu einem Begriff geworden.

Neolithikum

Jäger und Sammler hinterließen in der Mittelsteinzeit die ersten Spuren

In der ausgehenden Jungsteinzeit (Endneolithikum 2500 – 1800 v. Chr.) wandern vom Norden aus dem Gebiet des Schwäbischen Jura und dem Rieser Becken die Menschen das schroffe und oft unwegsame Lechtal herauf, um neue Wohn- und Jagdgebiete zu erforschen. Heute wissen wir, daß vor 150 Jahren auf der gleichen Route Kolonisten aus dem Donaumoos kamen, siedelten und den Ort Königsbrunn gründeten. Doch zurück zu den Menschen in der ausgehenden Mittelsteinzeit. Sie sind nomadisierende Jäger und Sammler. Beeren, Pilze und andere Waldfrüchte sind neben den erlegten Tieren eine willkommene Abwechslung in der Nahrungskette. Die Horden, Sippen und Stämme beginnen langsam, seßhaft zu werden. Aus Jägern und Sammlern entwickeln sich mit der Zeit Bauern und Viehzüchter. Männer mit großer Geschicklichkeit arbeiten sich zu Handwerkern empor. Redegewandte Menschen werden zu Händlern. Der Bauer bestellt zunächst seine Felder nur für den Eigenbedarf, auch der Viehzüchter hütet nur Tiere, die der Sippe oder Großfamilie gehören. Als Gebrauchskeramik werden aus Ton Gefäße, Töpfe und Tassen hergestellt und im Feuer gebrannt. Auch die für den Hausgebrauch benötigten Werkzeuge erfahren eine stetige Weiterbildung und werden dauernd verbessert.

Pfeilspitzen aus der Steinzeit

Ethnologisch, also nach Lebensgewohnheit und Verhalten, sind die Völker noch nicht zu trennen, und so müssen die Kulturen durch den Wissenschaftler nach geographischen Hilfsbegriffen bestimmt werden: So kennen wir u.a. die Altheimer-, Michelsberger- und die Chamer Kulturen. Auch nach den Verzierungsmustern an der Keramik unterteilt der Wissenschaftler die Völker, so sprechen wir z.B. von Glockenbecherleuten, den Bandkeramikern; aber auch Orte und Städte stehen in der Namensgebung Patenschaft: Straubing oder Polling sind nur einige, die hier genannt werden sollen. Die Glocken-

becherleute sind an den Formen ihrer Keramikgefäße zu erkennen. Die eigentlichen Namen der Völker aber werden für immer im Dunkel der Vergangenheit liegen, da diesen die Schrift versagt geblieben und somit auch keine Überlieferung möglich gewesen ist.
Siedlungen und Grabstätten der Menschen aus jener Zeit sind in unserem Landkreis an verschiedenen Orten zu finden. Eine Siedlung am Nordrand von Schwabmünchen zeigt neben schöner Keramik und Steinwerkzeugen als besonders wertvolle Funde zwei Steinbeile, mehrere Pfeilspitzen und eine verzierte Wandscherbe mit feinen Einstichen und Linienverzierungen. Eine weitere Siedlung und mehrere Gräber befanden sich bei Hirblingen. In einem Grab wurde als Beigabe ein stempelverzierter Becher vom Typ „Geiselgasteig" gefunden, der ein retuschiertes Klingenbruchstück enthielt. Im Westteil des gleichen Grabes lag in situ (in der natürlichen, richtigen Lage) ein Einsatzbeilchen. Einen bedeutenden Gräberfund gab es in der Ziegelei bei Inningen. Vier Grabschächte beinhalteten neben mehreren Skelettresten auch Keramik der Altheimer Kultur. Eine Siedlung bei Inningen besaß neben einem mehrfach umgebauten Rechteckhaus eine Hüttenstelle mit Vorratsgrube, sieben Feuerstellen, sechs Kochgruben und weitere Gruben. Die Keramikfunde wie auch die Befunde können der Pollinger Kultur zugerechnet werden.
Im Königsbrunner Raum sind Siedlungen, Gehöfte und Gräber aus jener Zeit bis heute noch nicht gefunden worden, doch konnten die Hinterlassenschaften von umherstreifenden Jägern aufgesammelt werden. Wir wissen nicht, ob das Jagdglück dem einzelnen Jäger hold war oder nicht. Wild gab es auf jeden Fall reichlich. Mitarbeiter des Arbeitskreises fanden auf den frischgepflügten Feldern der Niederterrasse neben vielen Bruchstücken von Kleinwerkzeugen auch komplette Gebrauchsgegenstände wie Stichel, Messer, Bohrer und Schaber. Auch schöne Steinpfeilspitzen konnten aufgelesen werden. Bewunderung gilt dabei den Herstellern, die Steine mit großem Geschick bearbeitet haben. Pfeilspitzen sind zum Teil gestielt oder haben eine eingezogene Basis. Als Material wurde vielfach hell- bis dunkelgraues Hornstein verwendet. Da in unserem Raum Hornstein äußerst selten vorkommt und somit von den Menschen teuer

gehandelt wurde, mußte für die Herstellung des täglichen Gebrauchs billigeres Material gefunden werden. Hartkalk und Radiolarit boten sich hier als ideales Gestein an. Sicher waren diese Gesteinsarten nicht so widerstandsfähig und besaßen keine so lange Lebensdauer wie Hornstein, doch waren sie reichlich vorhanden.
Die Drehscheibe für die Herstellung der Keramik war noch nicht erfunden, und so stellte der Mensch die Gefäße durch Aufschichtung von Tonwülsten her. Nach anschließender Formgebung und Verstreichen des Tons erhielt es sein eigentliches Aussehen. Als die Oberfläche geglättet war, konnte das Gefäß nach einer längeren Trockenperiode in einem Brennofen gebrannt werden. Durch diesen Vorgang erhielt die Keramik ihre erforderliche Stabilität und Härte.

Spinnwirtel aus der Jungsteinzeit

Aus der ausgehenden Jungsteinzeit wurde ein konischer Spinnwirtel aus Keramik (er wurde für die Herstellung von Garn benötigt und sogar bis in die angehende Neuzeit verwendet) auf der Flur „Berggewanne" gefunden. Als Vergleichsstück bietet sich ein solcher von der Ziegelei Mayr bei Straubing an.

Wenn auch Zeugnisse der Vergangenheit aus der Jungsteinzeit in Königsbrunn noch spärlich sind, so häufen sich die Funde in den nachfolgenden Perioden.

Bronzezeit

Bronze, ein Privileg großer Kulturen

Das Klima war in unserem Gebiet freundlicher und milder geworden, feuchtwarme Witterung überzog das Alpenvorland. Weiterer Wälderzuwachs bereicherte die Landschaft, und auch die Bevölkerung nahm sprunghaft zu. Die Glockenbecherleute – ein Jägervolk – drangen vom Westen nach dem Osten vor und siedelten sich südlich der Donau an. Donauaufwärts wanderten die Bandkeramiker – ein Hirten- und Kriegervolk – ein. Sie brachten neue Bestattungssitten mit und begruben ihre Toten in Grabhügeln. Das ist der Beginn der Bronzezeit (ca. 1800 – 1200 v. Chr.). Mit dem Ende der Jungsteinzeit kommt Kupfer in den Umlauf. Diesen Werkstoff förderten bereits die alten Ägypter auf der Halbinsel Sinai zu Tage. Über Zypern und Ungarn erreichte er auch Mittel- und Nordeuropa. Irgendwann verband der Mensch das Kupfer mit Zinn und gewann damit eine wertvolle Legierung, ein neues Material, das bei einem Anteil von 90 % Kupfer und 10 % Zinn zu dem wertvollem Metall Bronze verschmolz. Dieser Werkstoff, der härter und widerstandsfähiger als Kupfer ist, war bestimmend für eine ganze Zeitepoche. Wurde er am Anfang nur für kunstvolle Schmuckstücke eingesetzt, so zeigten sich alsbald die ersten Waffen und Werkzeuge auf dem Markt, und somit wurde die Bronze sehr schnell zum Gebrauchsmetall. Der Handwerker selbst stellte nun nicht mehr nur für den Eigenbedarf her, sondern produzierte zum Teil auch Überschuß. Der Händler übernahm die übrige Ware im Tausch und beförderte sie über Handelswege und Flüsse in weit entlegene Gebiete. Von dort brachte er Tauschwaren zurück, die in der Heimat unbekannt oder sehr selten waren. Ein reger Tauschhandel entstand. Hornstein, Salz oder Bronze waren begehrte Handelsobjekte jener Zeit und standen an erster Stelle auf der Wunschliste der Menschen.

Werkzeuge aus der Steinzeit: Kratzer, Schaber, Stichel

Noch immer waren Hockergräber weit verbreitet (Menschen wurden in Kauerstellung mit angezogenen Beinen beerdigt). Im Januar 1991 konnten südlich von Königsbrunn in der Kiesgrube Burkhart vier Gräber ausgehoben werden. Zwei der Gräber waren in ihrem Grundriß vollständig erhalten und bargen Skelettreste, die die Hockerlage anzeigten. Die beiden anderen Gräber waren vom Bagger bereits zerstört, so daß keinerlei Aussage zur Bestattungsart getroffen werden konnte. Es ist anzunehmen, daß bei der Erweiterung der Kiesgrube nach Süden weitere Hockergräber zu Tage treten. Durch eisige und schneereiche Witterung mußte die Grabung unterbrochen werden, eine weitere Forschung in den nächsten Monaten wird bestimmt Auskunft darüber geben.

Nun lösen Flachwannengräber die Hockergräber ab. Die Menschen werden in gestreckter Lage meist mit dem Gesicht nach Osten beerdigt. Oft erhalten die Toten neben Grabbeigaben auch eine Rahmung aus großen Steinen (Bachkatzen) und Tuffbrocken. Dies zeigt, daß damals die Menschen mit großer Liebe und Sorgfalt ihre Toten bestatteten. Einzelgräber waren selten, meistens wurden Gräberfelder angelegt. Ein einzelnes Grab dieser Epoche lag aber in Königsbrunn.

Schädeloperation in der frühen Bronzezeit

1917 pflügte der Landwirt Heinrich Schröppel mit seinen Ochsen einen Acker auf der Flur „Oberes Feld" um. Das Feld liegt westlich des Gasthofes Neuhaus in Richtung Bobingen im heutigen Industriegebiet Süd. Beim Umpflügen brach der Ochse in den Boden ein. Als der Bauer die Stelle genauer untersuchte, stellte er einen Hohlraum fest und dachte zunächst an einen Fuchsbau. Über den ortsansässigen Lehrer wurde das Landesamt für Denkmalpflege verständigt. Nach einigen vorausgehenden kleineren Untersuchungen konnte 1918 unter der Leitung von Herrn Prof. Dr. Reinecke mit der Grabung begonnen werden. Etwa 15 cm unter der Erdoberfläche befand sich die Decke einer Grabkammer. Im Innern der Kammer – sie war exakt Ost-West ausgerichtet – befand sich in gestreckter Lage ein Skelett mit dem Blick nach Osten. Nach späteren eingehenderen Untersuchungen durch Anthropologen handelte es sich bei dem Toten um einen Mann von ca. 20 Jahren. Das Alter konnte an der Entwicklung der Knochen, der Zähne und an der Gehirnrinde auf dem Schädel festgestellt werden. Die eigentliche Sensation aber war eine ovale Öffnung von 2,5 cm in der Schädeldecke. Der Tote hatte also zu Lebzeiten eine Schädeloperation erhalten. Es ist anzunehmen, daß er wahnsinnige Schmerzen gehabt hatte, nur so ist es zu erklären, daß er sich diesem ungeheuren Wagnis unterzog. Der junge Mann überlebte den Eingriff noch etwa zwei Jahre, das bestätigen die Wucherungen an den Knochenrändern der Öffnung. Als Grabbeigaben hatte er einen Bronzedolch, zwei Kupferröllchen und ein Spiralarmband bei sich.

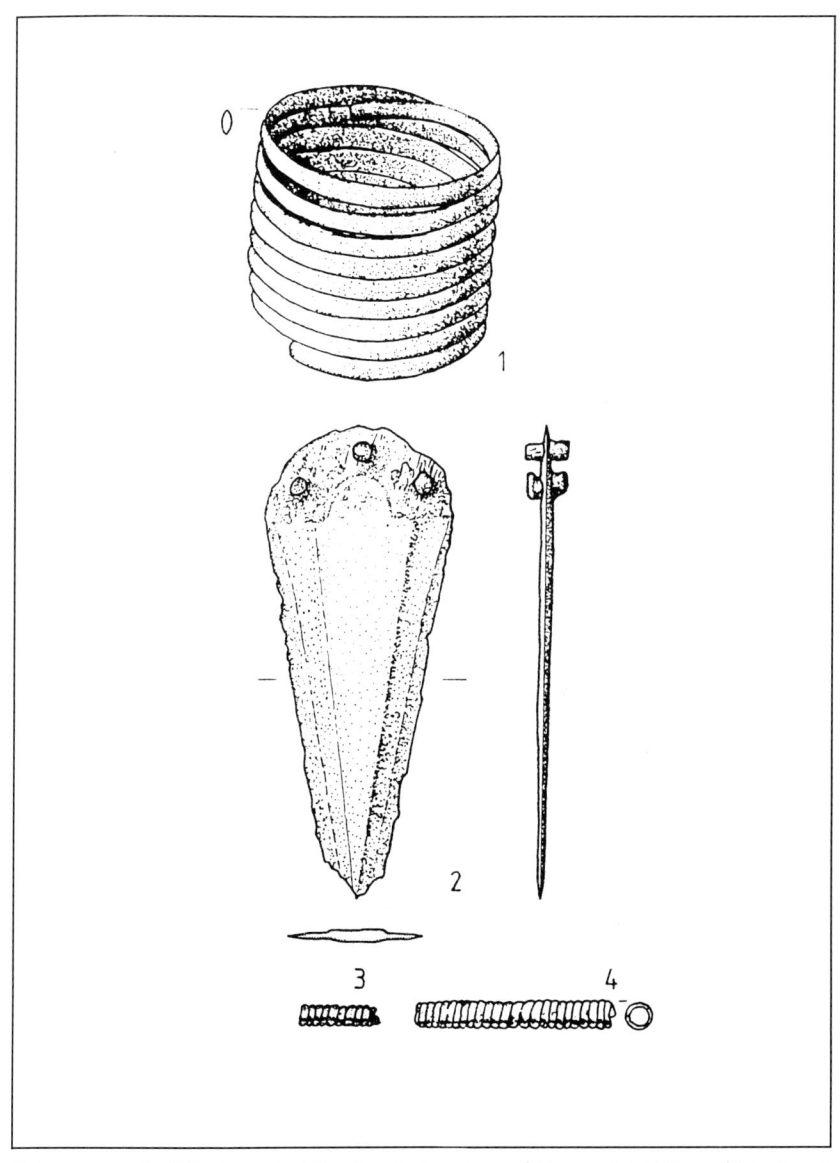

Königsbrunn: Tuffplattengrab: 1 Kupferspiralarmband, 2 Bronzedolchklinge, 3 Kupferspiralröllchen, 4 Kupferspiralröllchen

Für die damalige Zeit besaß er teure Beigaben, und so mußte es sich bei dem Toten um eine sozial höher gestellte Persönlichkeit gehandelt haben. Auch die enorme Aufbauart der Grabkammer aus Tuffstein läßt diesen Schluß zu. Das Tuffplattengrab ist übrigens das einzige dieser Art im süddeutschen Raum. Es steht im Städtischen Friedhof an der Wertachstraße und kann jederzeit besichtigt werden. Die Beigaben befinden sich zur Zeit in der Prähistorischen Staatssammlung in München und sind mit vielen wertvollen Funden der gleichen Zeitstufe gemeinsam zur Besichtigung freigegeben (Kopien sind in der Vitrine 1 im Foyer des Rathauses zu sehen).

Tuffsteinplattengrab aus der frühen Bronzezeit um 1800 v. Chr. (im Städt. Friedhof)

Das Römische Museum in Augsburg hat im gelagerten Fundmaterial vor 1880 auch einen Einzel- oder Grabfund von unbekannter Stelle aus Königsbrunn registriert. Es handelt sich dabei um zwei Bronzeröllchen, die den gleichen Durchmesser und dieselbe Bearbeitung aufweisen, beide sind auf einer Seite gebrochen, passen aber nicht zusammen. Trotzdem könnten sie von ein und demselben Stück stammen. In der Nähe der hallstattzeitlichen Kreisgräben (heute befindet sich am Fundort die Simpertstraße) konnten zwei Hockergräber aus der Frühen Bronzezeit ausgegraben werden. Bei den Toten handelte es sich um eine Frau und einen Mann. Im Grab der Frau, es war antik beraubt, konnten noch vier Bronzetutuli (kleine konische Bronzehütchen, Gewandbesatz) gesichert werden. Die Tote war ein Mädchen unter 18 Jahren. Im Grab des Mannes (ca. 30 Jahre alt) lagen in der Grabfüllung nur noch drei unverzierte Wandscherben, und auf dem Körper ruhte ein Wetzstein. Beachtlich die Skelettgröße, zu Lebzeiten dürfte er 1,80 Meter groß gewesen sein.

Gräberfeld an der Wertachstraße

1985 war von Mitarbeitern des Königsbrunner Grabungsteams in der heutigen Afra-/Augustusstraße ein durch die Schubraupe angeschnittenes Körpergrab entdeckt worden. Durch die vorbildliche Grabungstechnik des Arbeitskreises konnten 37 Gräber und bei einer anschließenden Weiterführung der archäologischen Arbeiten durch das Landesamt für Denkmalpflege unter der Leitung von K.H. Henning nochmals sieben Gräber ausgegraben werden. Es gelang, das komplette Gräberfeld aus der Zeit von ca. 1800 – 1600 v. Chr. (Frühe Bronzezeit) mit einer Ausdehnung von 74 x 61 m zu erfassen.
Im Westen der Grabungsfläche befanden sich mehrere Pfostenstellungen und Gräbcheneinhegungen, die eine geschützte Hofanlage aus der Hallstatt- oder Laténezeit belegen. Die 44 Bestattungen setzen sich wie folgt zusammen: 41 Flachwannen-, zwei Hocker- und ein Brandgrab. Letzteres barg neben dem Leichenbrand auch eine Bron-

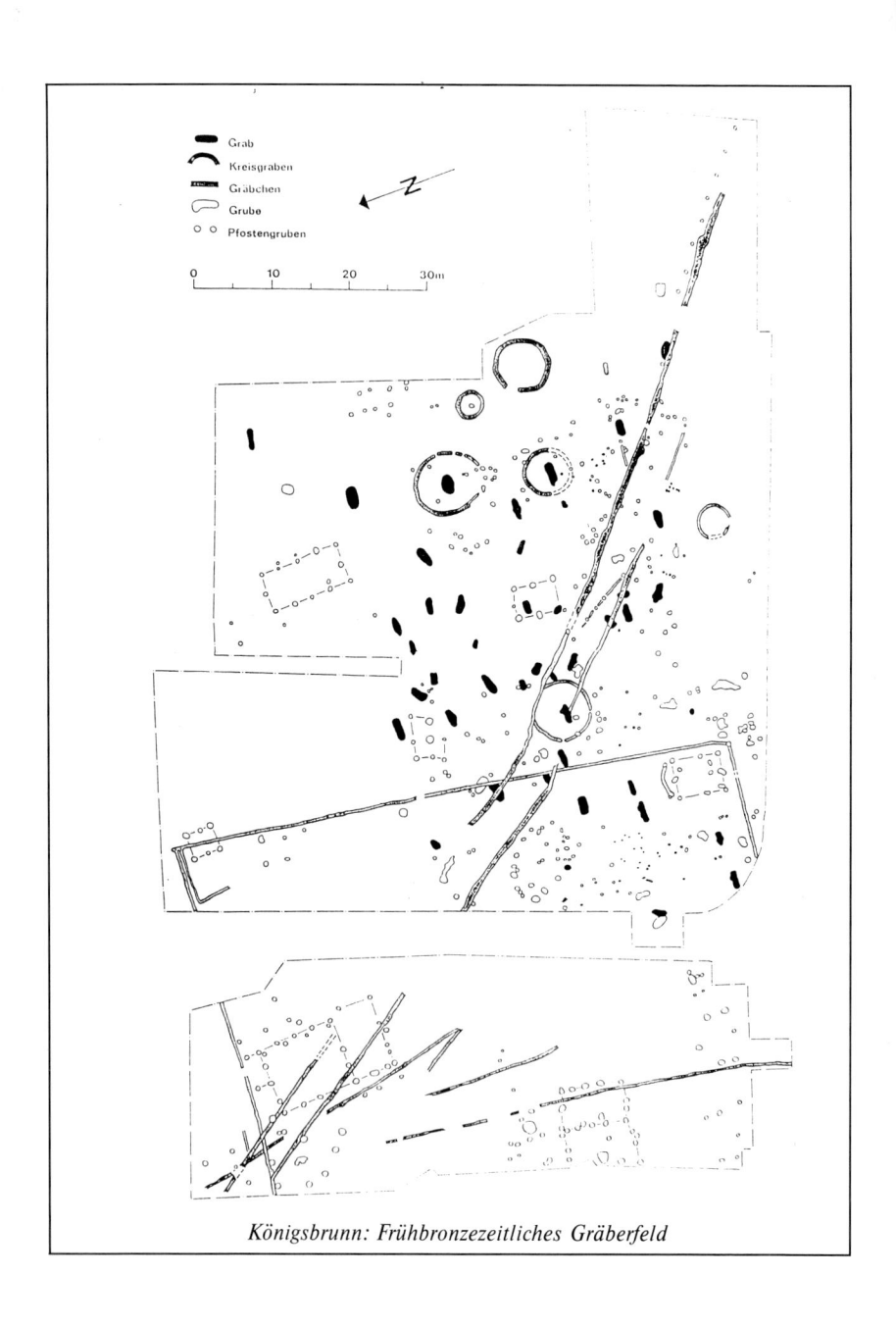

Königsbrunn: Frühbronzezeitliches Gräberfeld

zenadel. Drei der Gräber lagen im Zentrum eines Kreisgrabens. Allgemein kann man bei dieser Nekropole von einer großen Beigabenarmut sprechen, denn nur relativ wenige Gräber besaßen überhaupt Beigaben.

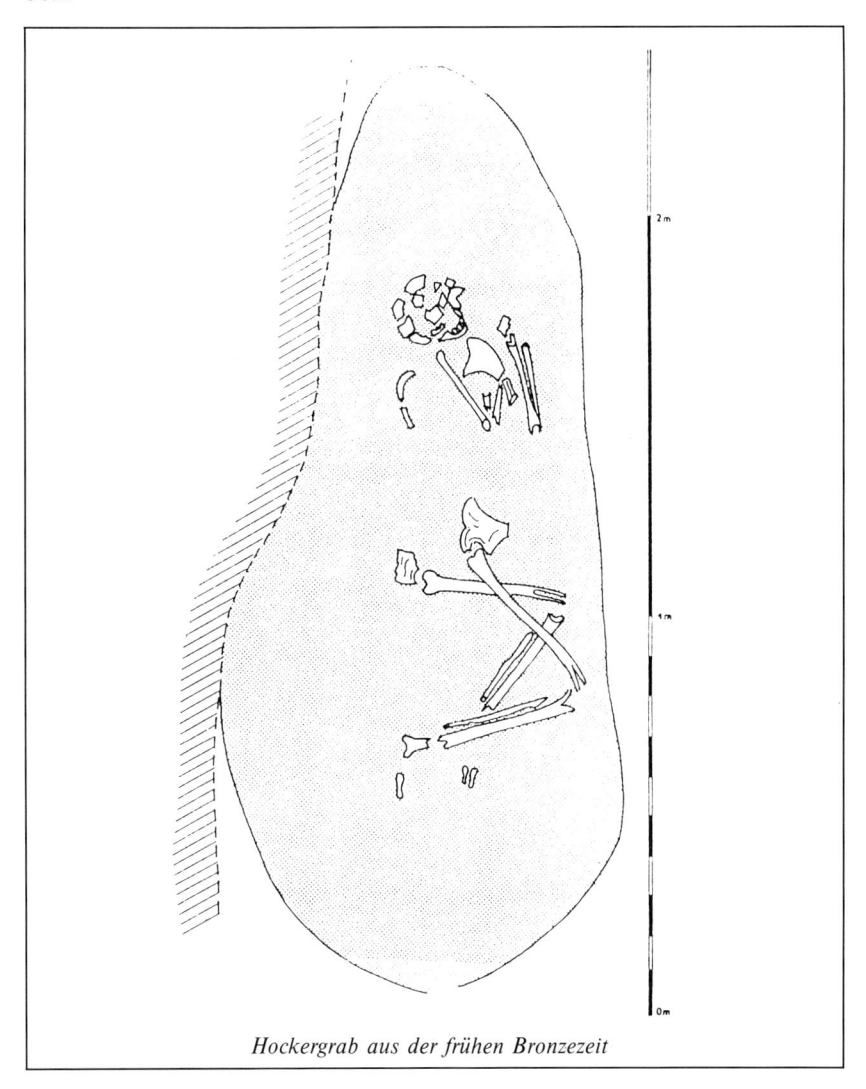

Hockergrab aus der frühen Bronzezeit

Eine reichere Ausstattung kann man bei drei Gräbern vermuten, da sie bereits antik beraubt waren. In zwei weiteren Gräbern waren den Toten je ein paar Bronzenadeln mitgegeben worden, die zeitlich den Anfang und das Ende des Gräberfeldes aufzeigen. Zwei gegossene Ringkopfnadeln sind an den Anfang der Frühbronzezeit zu setzen. Die beiden geschmiedeten tordierten Rollenkopfnadeln dagegen datieren das Ende des Gräberfeldes und zeigen den Ausgang der Frühbronzezeit an. Als Beigabe für Speise und Trank wurden kleine Tassen, Becher, Schüsseln und Henkeltöpfe mitgegeben. Bei einem kalebasseartigen Becher dürfte es sich höchst wahrscheinlich um Import handeln, denn der Typ ist in unserer Gegend unbekannt. Quer durch das Gräberfeld zieht sich ein alter Weg von Ost nach West. Ihn hatten die Römer als Zubringerstraße zur Villa Rustica, die am Hang liegt, durch die Nekropole gezogen. Doch davon soll in einem anderen Kapitel die Rede sein.

Rollenkopfnadeln aus dem Gräberfeld in der Afra-/Augustusstraße (Bronzezeit)

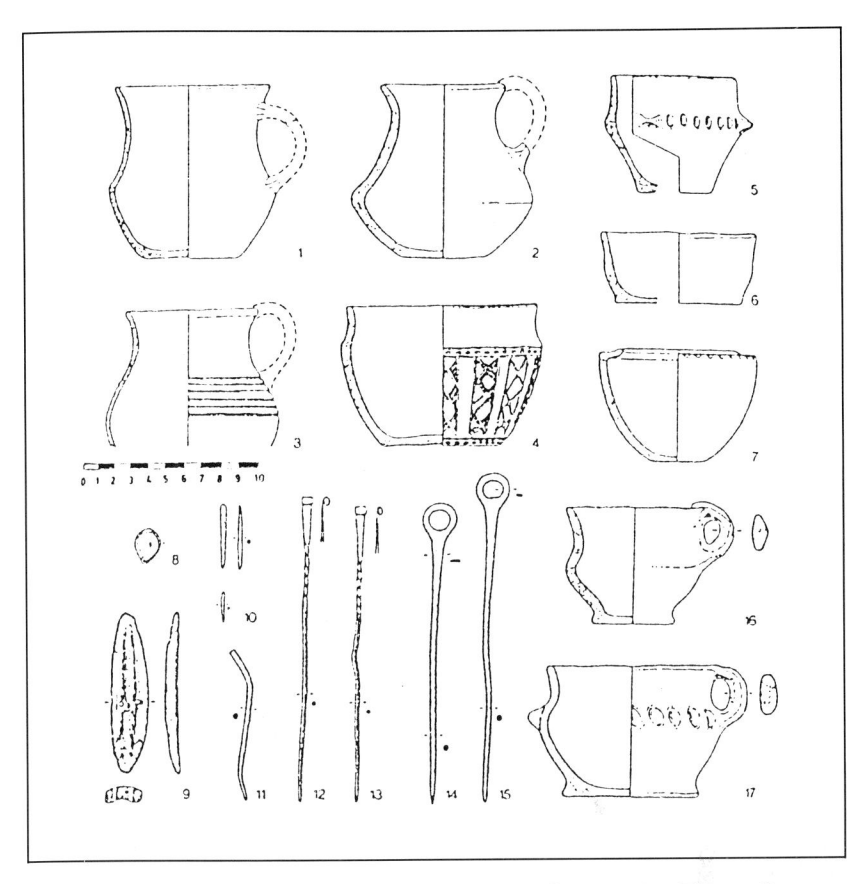

Bei Kanalarbeiten in der Hunnenstraße – auf Höhe der Firma Samen-Dehner – fand sich in einer Schachtwand die Hälfte einer Kegelhalsschüssel mit Knubbenverzierung. Im Profil der Wand zeichnete sich neben dem Gefäß eine vertrocknete Wasserrinne ab, die wohl einst von einem Gletscherausläufer in einer der Eiszeiten in den Boden gezogen und mit Schmelzwasser gefüllt wurde. Da das Gefäß in der Nähe der späthallstattzeitlichen Siedlung gefunden wurde, ist anzunehmen, daß es in früherer Zeit hier auch eine bronzezeitliche Siedlung gab, die aber durch die intensive Bautätigkeit nachfolgender Siedler verloren ging.

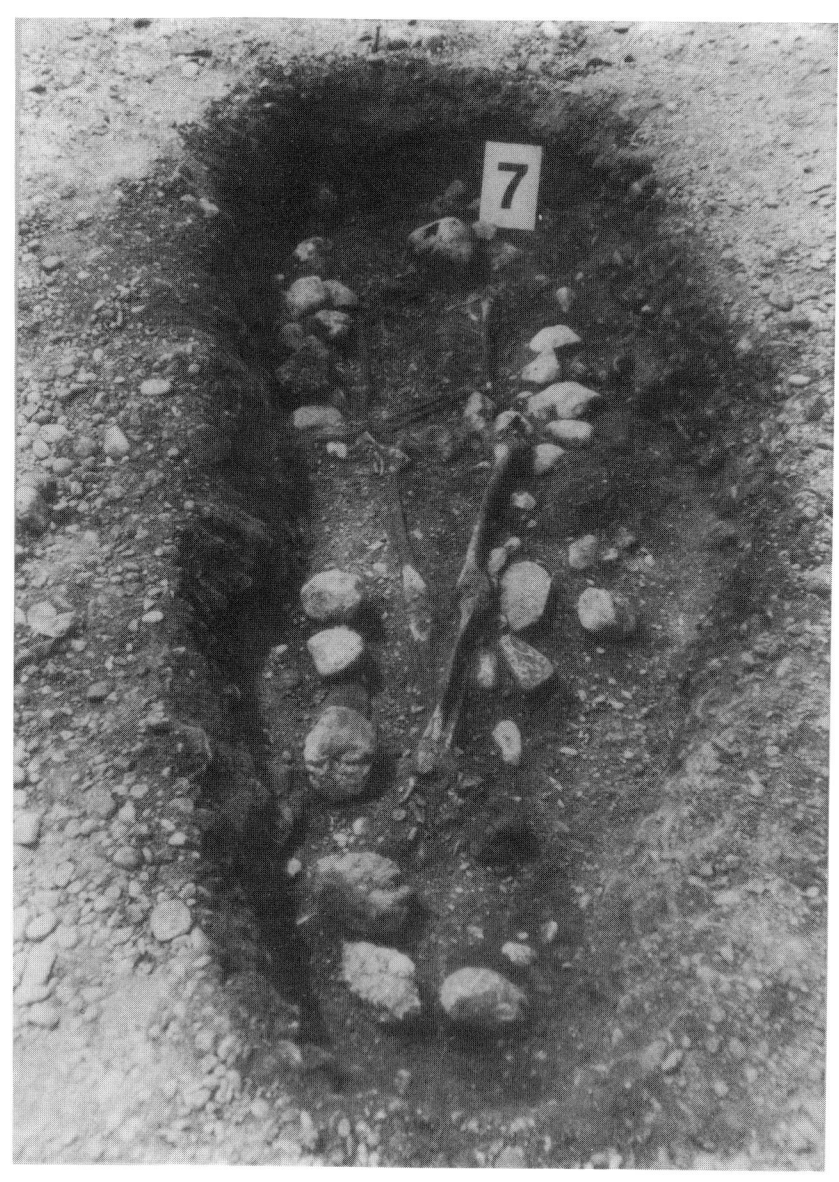

Körpergrab mit Steinrahmung aus dem frühbronzezeitlichen Gräberfeld

Urnenfelderzeit

Völkerbewegungen in ganz Europa

Enorme Wanderungen von Stämmen und Völkergruppen von Nord nach Süd, bedingt durch kriegerische Auseinandersetzungen im 2. Jahrtausend vor Christus, bringen große Unruhen unter den Völkern. Die Häuptlinge und Stammesführer müssen mit ihren Familien neue Gebiete auskundschaften, um dort siedeln zu können und der drohenden Invasion zu entgehen. Im Osten findet das Hethiterreich durch einen indogermanischen Völkerstamm, die Phyrger, sein Ende. Troja wird unter dem aggressiven Ansturm der Griechen zerstört. In Griechenland dringen wiederum die Illyrer ein und setzen somit die Dorische Wanderung in Gang. Indogermanische Völker überrollen Italien, und auch in unserem Gebiet setzt sich die Völkerbewegung fort. Seßhafte Familien müssen ihre angestammte Heimat verlassen, um der vom Osten drohenden Vernichtung zu entgehen. Ganz allmählich beruhigt sich jedoch die Lage, die ruhelos umherstreifenden Horden werden seßhaft und beginnen wieder mit Ackerbau und Viehzucht. Die Bauern der Urnenfelderzeit (ca. 1200 bis ca. 750 v. Chr.) legen ihre Gehöfte und Hütten nur auf höhergelegenen Flächen an, die auch fruchtbaren Lößboden besitzen.
Weitgreifende Änderungen bringen die Stämme aus dem Osten mit. Wurden in der ausgehenden Bronzezeit die Toten in Körpergräbern und unter Hügeln bestattet, so verbrennt man jetzt die Leichen, und die Asche der Verstorbenen wird in großen Urnen mit scharf profilierten Rändern beigesetzt. Die Beigaben, wie Speise und Trank, geben die Hinterbliebenen mit in die Urne, auch den Schmuck legen sie in diese oder neben dem Gefäß ab. Selten befinden sich Waffen in den Gräbern. Eine weitere Bestattungsart, die Brandschüttungsgräber, kommt in Mode. In der Mitte der Urnenfelderzeit schüttet man die Asche in Körperform angeordnet in Flachwannengräber auf den Erdboden; teils wird auch die Leiche mitsamt den Beigaben zuerst verbrannt, und anschließend kommt der Rest (Asche und geschmolzenes Metall) in die Grabgruben.

Um 1100 v. Chr. gelangt zum ersten Mal Eisen nach Mitteleuropa. Zunächst wird nur Schmuck aus diesem teuren Material hergestellt, jedoch steht bald das Eisen als Gebrauchsmetall an vorderster Stelle und wird in erster Linie für die Herstellung der Waffen benötigt. Doch hat die Bronze weiterhin eine große Bedeutung bei den Völkern. Der Herstellungsprozeß des Eisens, das Schmelzen und Bearbeiten des harten Materials, ist noch immer nur unter erschwerten Bedingungen zu erreichen. Dadurch ist für viele das neue Material zu teuer, und nur sozial höhergestellte Persönlichkeiten können sich den Luxus von ehernen Waffen leisten.

Das Grabungsteam des Arbeitskreises öffnet die Grube eines urnenfelderzeitlichen Gehöftes

Eine Siedlung mit Fluchtburg und dazugehörigem Ackerland kennen wir vom Buschelberg bei Fischach. Eine mehrperiodige Höhensiedlung liegt in der Nähe von Schloß Mergenthau bei Kissing. Bei der Grabung durch den Arbeitskreis konnte sehr viel Keramik geborgen werden, deren Aufarbeitung heute noch nicht vollendet ist. Eine weitere Siedlung liegt bei Rederzhausen, Kreis Friedberg.

Gehöft mit Getreidespeicher am Bobinger Bergl

Auch im westlichen Teil des Stadtgebietes von Königsbrunn auf dem abfallenden Höhenrücken zum ehemaligen Urtal des Lechs, am Bobinger Bergl, hatten sich Urnenfelderleute festgesetzt. Hügellage und Lößböden waren dafür ausschlaggebend. Es ist anzunehmen, daß es sich in unserem Gebiet nur um eine kleine Gruppe von Menschen handelte, da bis heute nur ein Gehöft aus der Urnenfelderzeit gefunden wurde. Es wäre durchaus möglich, daß auf der weiten ebenen Fläche nach Westen oder an deren Hangkante nach Süden hin weitere Gehöfte standen. In der Wohngrube, die im harten Lößboden eingegraben war, lagen Knochenreste neben datierbaren Keramikscherben großer Gefäße, die der UK-Zeit zugeordnet werden können. Dabei überwiegen Boden- und Randscherben im großen Fundkomplex und deuten darauf hin, daß zu jener Zeit ein ungeheurer Verschleiß an Gefäßen vorhanden war. Schalen und Töpfe lagen hierbei an vorderster Stelle. Nördlich des Gehöftes, in ca. 20 m Entfernung, stand ein Getreidespeicher, der sicherlich zu dem Gehöft gehörte. Er besaß die Form einer Eieruhr und hatte einen Durchmesser von 1,80 Meter. Auf dem Boden – er bestand aus lehmhaltigen, gestampften Lößsand – lag ein für den Gebrauch sehr wichtiger Mahl- oder Quetschstein. Relativ viele Scherben und auch einige Knochenreste von verschiedenen Tierarten wurden in der Speicherfüllung gefunden.
Durch den Wintereinbruch 1989 mußten die Ausgrabungen unterbrochen werden und konnten erst im Frühjahr des folgenden Jahres wieder aufgenommen werden. Da die Kleingartenbesitzer ihre Gruben für die Gartenhäuschen im Herbst 89 bereits ausgehoben hatten, brach durch den eintretenden Frost in einer der Gruben ein Teil einer Wand ab. Im ausgebrochenen Erdmaterial lag die Hälfte einer Kegelhalsschüssel. Sie bestand aus schwarz flimmernder Feinkeramik mit einer Wandstärke von nur 3 mm. Wenn man bedenkt, daß diese Gefäße immer noch in der Aufschichtungstechnik hergestellt wurden, gehört die Herstellung solcher dünner Gefäße zu den wahren Meisterleistungen jener Zeit, und auch heute hätten Töpfer allergrößte Probleme, solche dünnwandigen Schüsseln mit der Töpferscheibe

Getreidespeicher aus der Urnenfelderzeit am Bobinger Bergl (Gartenstraße)

und heutigen Herstellungsprozessen zu fertigen. Als Verzierung zeigte die Schüssel die für jene Zeit typischen hängenden Girlanden- und Augenmuster. Im Übergang vom höher- zum tieferliegenden Geländeteil zeigte sich in einer der Kleingartengruben eine graue Schicht mit großer Keramikanreicherung. In diesem Areal befanden sich zwei gegossene Pfeilspitzen aus Bronze. Sie besitzen bereits einen Schaftanschlag, der in unserem Raum bis heute noch nicht bekannt war. Ein Spiralfingerring aus Kupferdraht (leider vom Erdrutsch aufgebogen) befand sich in Gesellschaft mit weitausladenden Randscherben verschiedener Gefäßtypen. Alle Funde können in die Urnenfelderzeit datiert werden. Auch Spiralbronzeröllchen (Bruchstücke) – sie gehören in die Bronzezeit – lagen gemeinsam mit einer Kupfermünze aus der Römerzeit im Verbund mit den vorhergenannten Fundobjekten. Eine fingergerecht gebogene Nadel oder Ahle gehörte zu den Geräten, die tagtäglich von der Hausfrau der Urnenfelder- oder Hallstattzeit benötigt wurden. Mit ihr konnten Löcher in das Leder oder den Stoff gebohrt werden.

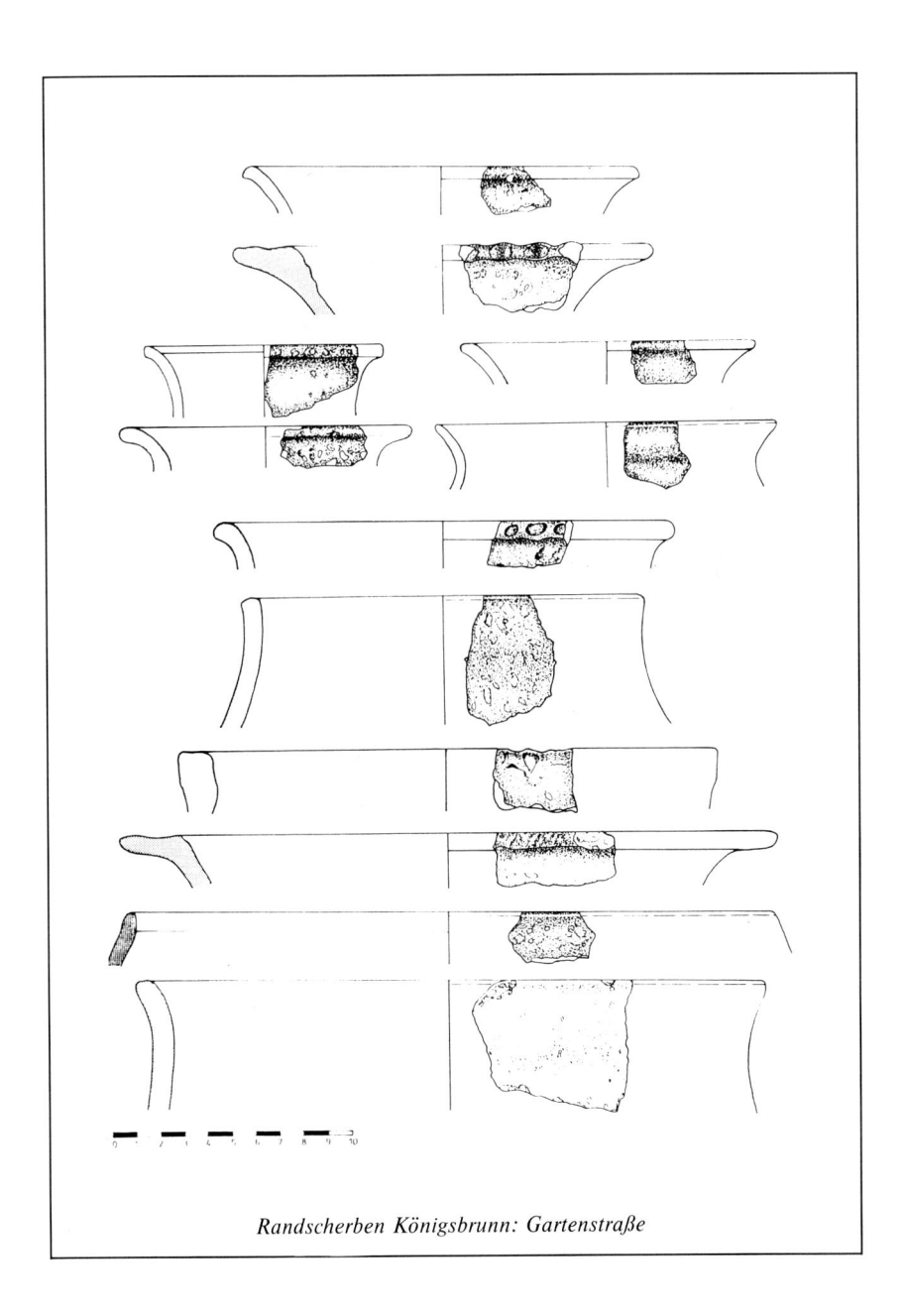

Randscherben Königsbrunn: Gartenstraße

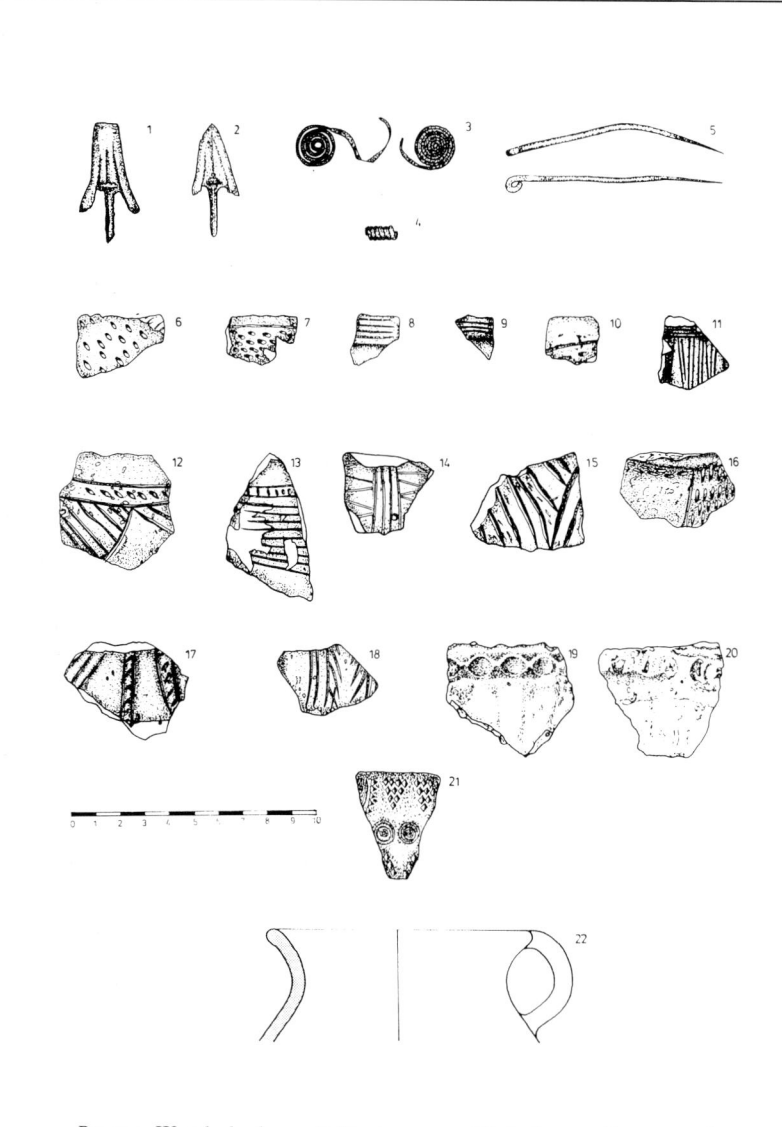

Bronze, Wandscherben mit Verzierungen, Königsbrunn: Gartenstraße

Abfließende Gewässer spülten die Funde den Hang hinunter, die dann auf dem flachen Boden liegenblieben. So sammelten sich hier die Belege aus verschiedenen Zeitperioden. Als die Archäologen die Grabung in die Tiefe weiter fortführten, konnte erneut die in der Hunnenstraße bei Kanalarbeiten gefundene Wasserrinne festgestellt werden. Als Beweis für das Vorhandensein von Wasser befand sich im Profil des Grabungsschnittes eine Süßwasserschnecke.

Urnenfelderzeitliche Keramik – gebrannt in Königsbrunn

Als die Wertachstraße vom Städtischen Friedhof nach Süden bis zur Gartenstraße in Höhe der Kleingartenanlage weiter ausgebaut wurde, zeigten sich auf dem hellen Kiesboden dunkle Verfärbungen. Zunächst dachte der Verfasser an Hüttengruben, doch niemand konnte ahnen, daß hier eine kleine archäologische Sensation im Boden verborgen lag. Es handelte sich um insgesamt drei Brennöfen, deren Auffindung sehr schwierig ist, da sie als archäologischer Befund nur schlecht zu erkennen sind. Aus der Urnenfelderzeit sind bis heute im schwäbischen Raum keine weiteren Brennöfen bekannt, lediglich aus der späten Urnenfelderzeit konnte 1976 ein Brennofen am Elchinger Kreuz (Autobahn München – Stuttgart) gegraben werden. Dieser Ofen besaß jedoch bereits eine Brennkammer mit eingebautem Rost, unsere ließen dagegen nur den Aufbau als Meiler vermuten. In dem Kiesboden hob der Töpfer zunächst eine Grube aus, um anschließend auf dem Boden große Steine, sogenannte Bachkatzen, abzulegen. Die so aus Steinen zusammengesetzte Brennplatte wurde durch ein kleines Gräbchen außen herum eingefaßt. In ihr konnte die Asche aufgesammelt und gleichzeitig ein Ausbreiten des Brandes verhindert werden. Die Keramikware, die gebrannt werden sollte, wurde nach einer längeren Trockenphase auf dem Steintisch abgesetzt. Brennmaterial aus Holz, Dung oder Stroh umschloß die Keramikware und wurde oft meterhoch aufgetürmt. Brannte dann der Meiler, so stand dem Töpfer ein hilfreicher Geselle zur Seite. Es war der Westwind, der den Sauerstoff an fast alle Stellen der Keramik heranführte, was aber wiederum bedeutete, daß der Ton nicht gleichmäßig gebrannt wurde. Dies zeigte sich später dann an der gebrannten Ware an den verschiedenen Farbschattierungen auf der Oberfläche. Hohe Temperaturen herrschten im Innern des Meilers. Rekonstruktionsversuche zeigten die beachtliche Temperatur von 700 bis 800 Grad Celsius. Ging das Feuer aus, so erzeugten die glühenden Steine eine große Nachhitze. So ein Brand dauerte oft mehrere Tage, und erst nach dem Abglühen der Steine konnte der Töpfer seine Arbeit begutachten.

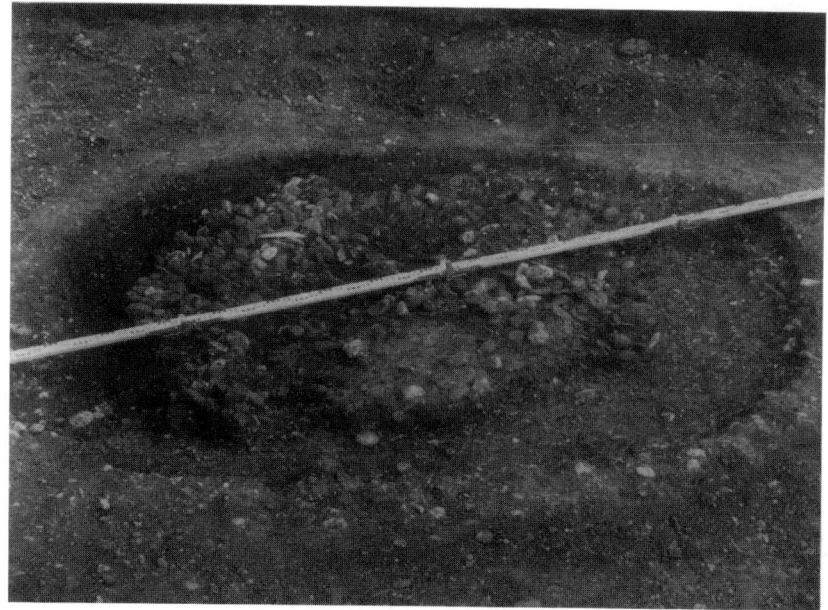

Brennofen aus der Urnenfelderzeit an der Wertachstraße

In allen drei Öfen brannte er aus grobem Gebrauchston große Gefäße von 40 bis 50 Zentimeter Durchmesser mit weit ausladenden Rändern und fingergekerbten Rand- oder Zierleisten. Daneben aber härtete er auch allerfeinste Schalen oder Schüsselchen aus Feinkeramik, durchzogen mit allerlei kunstvollen Verzierungsmustern. Horizontale oder vertikale Kornstiche vervollständigten das Muster. Die Wandstärke der zierlichen Gefäße erreichte manchmal nur 2,5 bis 3 mm.

Alle drei Brennöfen lagen nordöstlich des Gehöftes und hatten somit eine gute Lage, da sie zum einen 60 Meter nordöstlich der Hütte lagen und zum anderen der Westwind den beim Brennen entstandenen Rauch oder Qualm in östlicher Richtung, also weg vom Gehöft, abziehen ließ. Die Zahl der bis heute gefundenen Brennplätze läßt zur Zeit folgenden Schluß zu: Entweder sind noch weitere Öfen im Umkreis vorhanden oder aber ein einzelner Töpfer hatte hier seinen Arbeitsplatz aufgebaut. Wäre letzteres der Fall, so hätte der Handwerker die weitere oder nähere Umgebung mit Keramikware beliefert.

Hallstattzeit

Frühkeltische Kultur

Der zweite Abschnitt der älteren Eisenzeit (ca. 750 bis ca. 450 v. Chr.) hat seinen Namen von dem anmutigen Ort Hallstatt im schönen Salzkammergut erhalten. Hallstatt, das reizvoll zwischen steilaufragenden Bergen und einem gleichnamigen See liegt, ließ die Welt aufhorchen, als Archäologen Blockhäuser keltischer Bergleute freilegten, die in vorgeschichtlicher Zeit den Salzabbau betrieben. Von hier gelangte das Salz in weitentlegene Gebiete in ganz Europa. Ein riesiges Gräberfeld mit über 2000 Brand- oder Körperbestattungen lag neben den Salzabbaustätten. Die bei der Ausgrabung durch Wissenschaftler gemachten Funde und der Formenreichtum der Keramik gaben den Altertumsforschern den Anlaß, jene Zeit nach dem Namen des Ortes zu benennen. Ein zweiter treffender Gesichtspunkt sind die hallstattzeitlichen Grabhügel, die oft markierend und bestimmend die Landschaften gestalteten. Schon Markus Welser, ein Augsburger Patrizier aus dem 18. Jh., fielen die großen Hügel im westlichen Gebiet von Augsburg auf, doch war er der Meinung, daß es sich um Orientierungspunkte der römischen Landvermesser handle. Erstmals setzte sich in der Geschichte der Menschheit auffällig eine gewisse soziale Struktur auch im Totenkult durch. Höhergestellte Persönlichkeiten ließen riesige Totenstätten (Hügel) errichten, und je reicher der Verstorbene, umso größer und höher wurde das Monument, das er der Nachwelt hinterließ. Auch die Beigabenausstattung war abhängig vom Reichtum des oder der Verstorbenen. Bei der Bestattung wurde eine gewisse Anordnung in der Grabkammer eingehalten. Dies mußte wohl den Grabräubern zur damaligen Zeit bekannt gewesen sein, denn meistens wurde der wertvolle Schmuck (bei der Frau) oder die teuren Waffen (beim Mann) geraubt, die Keramik mit ihren Inhalten aber blieb in der Regel unberührt. Eine Zerstörung derselben erfolgte meist in späterer Zeit durch den Landwirt, der mit den Ochsen oder Pflug den darüberliegenden Acker bearbeitete, und durch das Gewicht der in der Zwischenzeit eingebrochenen Grabkammerdecke, welche die darin befindlichen Gefäße zusammendrückte. So war es auch bei der Grabung der Grabhügel im Gebiet von Kleinaitingen, die durch die Erweiterung der B 17 neu bedroht waren und durch den Arbeitskreis gegraben wurden. War die Holzkammer, oft in Blockbauweise erstellt, für die Bestattung hergerichtet, so legte man den Toten in die Mitte der meist Nord-Süd gerichteten Kammer. Zu Beginn der Hallstattzeit wurden die Toten noch sehr oft verbrannt und die Asche zentral auf dem Boden der Kammer abgelegt. Reichere Personen bekamen sogar einen zwei- oder vierrädrigen Wagen mit für den letzten Gang ins Jenseits. Auf ihm wurde der Tote und ggf. die Keramikgefäße mit den Speisen und Trank abgestellt; so geschah es auch in dem bekannten Grab des Fürsten von Hochdorf. Es hatte eine pompöse Ausstattung und er bekam unter anderem einen mit verzierten Eisenblech beschlagenen Wagen und ein Bronzeblechmöbel als Ruhestätte, sowie einen großen Bronzekessel neben vielen Keramikgefäßen, Waffen, Schmuck aus Gold und allerlei sonstige Beigaben mit ins Grab. Auch das Zaumzeug seiner Pferde durfte nicht fehlen. Alles, was der Fürst zu Lebzeiten liebte, sollte er im Jenseits nicht vermissen.

Doch zurück zu den Gräbern in Kleinaitingen. Im östlichen Bereich der Grabkammer waren die Gefäße aufgestellt, sie beinhalteten kleinere Gebrauchsgegenstände wie Tassen, Näpfe oder Schöpfschalen. Die Gefäße zeigten auf ihrer geglätteten Oberfläche rot oder weiß bemalte Muster und wiesen gekerbte Stempelverzierung auf. Teller (im Kleinaitinger Bereich lagen sie immer nörlich der Gefäßreihe, vier Stück an der Zahl) und Schalen waren reich beladen mit den Speisen von Rind, Schwein oder Wild.

Kunstvoll bearbeiteter Bronzeschmuck zog auch in jüngerer Zeit immer wieder die Grabräuber an, und es gab eine Zeit, da war es sogar Mode, als Sonntagsnachmittagssport Hügel in der Mitte anzuschneiden, um so auf dem kürzesten Weg an die heißersehnte Bronze zu gelangen. Dabei zerstörten sie durch den rücksichtslosen Eingriff wertvolle Befunde und Funde, und auch die Keramik wurde meist gewaltsam vernichtet.

Sozial einfachere Tote (Familienanghörige, Knechte, Mägde oder auch Sklaven) wurden im Umkreis des Hügels beigesetzt, um so in unmittelbarer Nähe ihres Herren oder ihrer Herrin als Nachbestattung ihre letzte Ruhestätte zu finden.

Im Landkreis Augsburg in der Gemeinde Wehringen auf der Flur „Hexenbergle" konnte unter der Leitung von Dr. Günter Krahe, dem ehemaligen Leiter des Landesamtes für Denkmalpflege in Augsburg, ein Grabhügel mit bedeutenden Funden ausgegraben werden. Auch dieser barg neben mehreren weitausladenden Kragenhalsgefäßen, Tellern und Schalen einen hölzernen Wagen mit verzierten Eisenbeschlägen. Da der Grundwasserspiegel in diesem Gebiet sehr hoch lag, konnten vom Wagen noch sehr viele gut erhaltene Holzteile geborgen werden, was eine naturgetreue Rekonstruktion ermöglichte. Neben einer fein verzierten Goldschale lag ein Bronzeschwert mit einer flügelortbandverzierten Scheide. Es ist das einzige bis heute in Schwaben in einem Hügelgrab abgelegte Schwert aus einer Nichteisenlegierung.

Weitere Hügel, wie die bei Rehling, Adelsried, Bergheim, Stadtbergen, Kleinaitingen, Oberottmarshausen und bei uns in Königsbrunn ziehen sich in einer Linie von Nordwest nach Südost durch unseren Landkreis und finden über dem Lech ihre Fortsetzung.

Frühkeltische Siedlungen

Was die früheren Wissenschaftler fast für unmöglich gehalten hatten, konnte jetzt durch eine Grabung in der Hunnenstraße widerlegt werden. Viele der Forscher waren nämlich der Meinung, daß im Raum südlich von Augsburg nur wenig Kelten gesiedelt haben. Die Grabung auf dem Gelände der Baufirma Schmid und Samen-Dehner sowie nördlich der Hunnenstraße erbrachten eine Siedlung von 64 Hütten und Häusern. Nach der Meinung des Verfassers befinden sich weitere Belege der Ansiedlung noch in nördlicher und westlicher Richtung in der Erde und müssen zu gegebener Zeit gesucht und untersucht werden.

Die „Webstube" einer späthallstattzeitlichen Siedlung an der Hunnenstraße

Bis heute sind nur wenige Hallstattsiedlungen mit großen Ausdehnungsflächen gegraben worden; entweder liegen sie noch unerkannt im Erdboden oder aber die Wohnstätten der Kelten wurden intensiv überbaut. Bei unserer Siedlung im Königsbrunner Raum konnte in

Gefäß aus dem frühbronzezeitlichen Gräberfeld von Königsbrunn

einigen Hütten durch die Grabung der Verwendungszweck festgestellt werden. So fertigten die Menschen in einer der Gruben nur Garn an, da sich darin mehrere Spinnwirtel befanden. Von unseren weiblichen Mitarbeiterinnen wurde die Wohngrube gleich zur „Spinnstube" erklärt. Eine „Kochgrube" barg neben intensiver Holzkohlenanreicherung Schalen und Schüsseln aus schwarzer, feingemagerter Keramik, die die damalige Hausfrau für das Kochen und Braten benötigte. In der „Webstube", sie lag im Verbund mit der „Kochgrube" - Pfostenreihen erlauben diese Feststellung -, befanden sich neben der Bodenkonstruktion des ehemaligen Webstuhles 24 Webgewichte. Die aus Ton gebrannten Gewichte hatten die Aufgabe, die schweren Kettfäden beim Weben des Stoffes immer gespannt zu halten. Auf der Sohle der Grube lag eine bronzene Paukenfibel; durch sie konnte unsere Vermutung, es handle sich um eine späthallstattzeitliche Siedlung, bestätigt werden. In der ausgegrabenen Füllung befand sich neben Scherben von Töpfen, Schalen und Tassen auch eine bronzene Nähnadel, die bereits die heutige Form zeigt. Sie ist lediglich etwas plumper gestaltet als die gegenwärtigen stählernen Nähnadeln.

Grabhügel in Königsbrunn

Insgesamt 15 Hügel lagen einst östlich der Realschule, nördlich und südlich der Sudetenstraße. Zwei der schönsten Totenstätten hatte 1827 der Revierförster Strehle aus Haunstetten gegraben, angeblich kamen dabei keine Funde zum Vorschein. Im Jahre 1856, am 22. Juni, konnte ein weiterer Hügel geöffnet werden. Die Urnen, welche in der Grabkammer aufgestellt waren, sollen nachfolgenden Besuchern an Ort und Stelle gezeigt worden sein; über deren Bergung, so der Chronist, ist aber weiter nichts bekannt. 13 Hügel fielen durch die rege Bautätigkeit in Königsbrunn den Baumaßnahmen der letzten Jahre zum Opfer. Im Juni 1970 schließlich konnte das Landesamt für Denkmalpflege die letzten zwei Hügel graben. Die bei beiden Hügeln vorgefundenen Bestattungsarten sind der Hallstattzeit zuzuordnen, die Grabbeigaben konnten vom Landesamt sichergestellt werden.

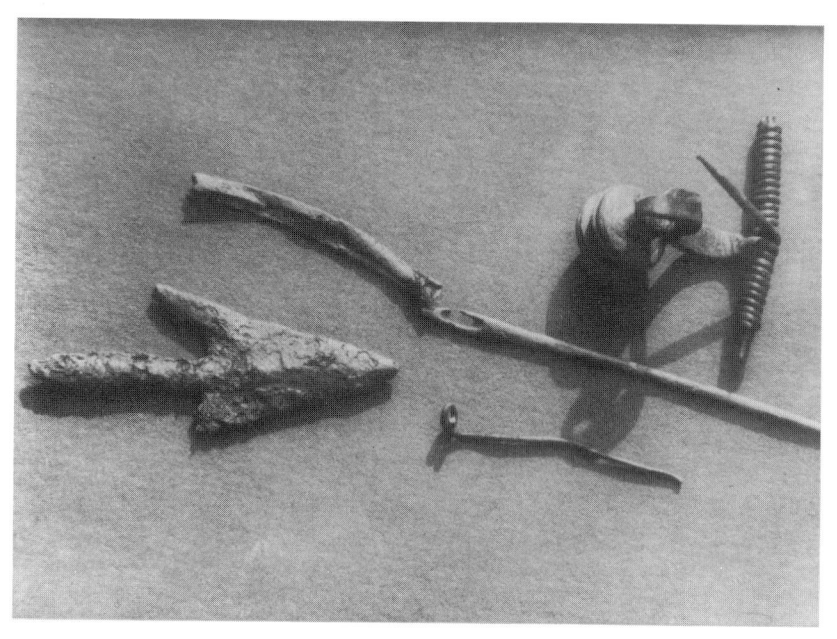

Hallstattzeitliche Funde in Königsbrunn

Weitere Hügel befinden sich noch im Süden der Stadt zwischen dem Gasthof Neuhaus und Lagerlechfeld. Auch auf den Feldern südöstlich des Trachtenheimes und dem großen Bauernhof liegen noch 11 Hügel, die aber durch die dauernde Bearbeitung des Pfluges sehr abgeflacht sind. Einige davon sind vom Landesamt bereits untersucht worden. Westlich der B 17 neu, zum Teil bereits auf Bobinger Gebiet, befinden sich ebenfalls noch mehrere Grabhügel. Auch sie sind mit dem bloßen Auge fast nicht mehr zu erkennen.

Brandbestattungen und Kreisgräben

Beim Bau der Grundschule West, südlich der heutigen Kemptener Straße, konnten gerade noch sechs Brandgräber vor den Zähnen des Baggers gerettet werden. Im Brandgrab 1 lag in der Asche einer Frau neben einem Schaukelring aus Bronze mit schöner Querrillenverzierung – ihn trugen die Frauen am Fußgelenk – und den geschmolzenen Bruchstücken einer bronzenen Gliederkette auch zwei schlanke bronzene Vasenkopfnadeln von 25 cm Länge. In den anderen Gräbern waren den Toten mehr oder weniger Scherben mit stempelverzierter Feinkeramik, von äußerst schlechter Brennqualität, mitgegeben worden.

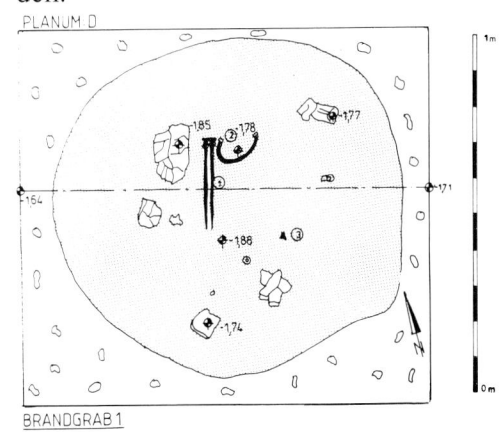

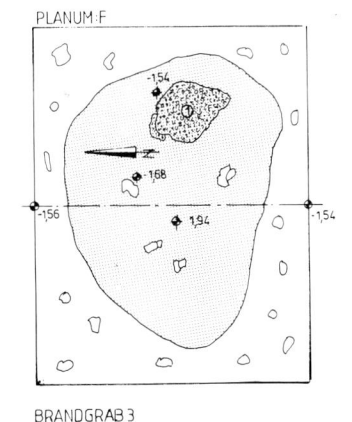

BRANDGRAB 1
1 Vasenkopfnadeln
2 Schaukelring
3 Bronzekettenfragmente

BRANDGRAB 3
1 Tuffstein

Im Westen des Grabungsareals konnte noch ein Viertel eines 30 m großen Kreisgrabens freigelegt werden. Der restliche Grabenteil liegt z.T. noch in der Erde oder er wurde durch die in der Nähe befindlichen Wohnhäuser überbaut. Weitere Brandgräber in Richtung Osten zum Trachtenheim hin vernichtete vermutlich eine großangelegte Müllgrube, die vor dem Zweiten Weltkrieg dort entstanden war.
Im heutigen Stadtgebiet, das heißt zwischen der Kemptener- und der St. Ulrichstraße, haben Kelten in der alten Flur „Berggewanne" große Kreisgräben ausgehoben, manche der Gräben besaßen einen Durchmesser bis zu 54 Meter. Nicht immer geklärt ist deren Bedeutung. Während die einen Beringe Gräber im Inneren aufwiesen, hatten andere nur Pfostenstellungen, oder es waren gar keine Befunde vorhanden. Einige davon hatten einen regelrechten Eingang, während bei den anderen die Gräben ganz durchgezogen waren. Keine Befunde zeigte auch der Graben auf der damaligen Verlängerung der St. Ulrichsstraße zum Städtischen Friedhof. Mit Sicherheit dienten sie den Kelten für kultische Zwecke wie auch die Viereckschanzen, die wir an vielen Stellen im Landkreis antreffen. Heute ist von den Kreisgräben nichts mehr sichtbar, da alle durch eine ausgedehnte Siedlung überbaut und somit für alle Zeit zerstört wurden.

Latènezeit

Namensgebung und Funde

Diese Kulturstufe in der Epoche der jüngeren Eisenzeit wird auf ca. 400 bis 15 v. Chr. datiert und kann als Hochblütezeit der Kelten verstanden werden. Ihren Namen erhielt sie nach der ersten großen Fundstelle am Nordufer des Neuenburgersees in der Schweiz.
Gewaltige Veränderungen auf vielen Gebieten führten Handel, Wirtschaft und Kultur, aber auch die Kunst zu einem enormen Aufschwung. Die Töpferscheibe fand ihren Einzug in weite Teile Europas und brachte neue Formen und auch Muster auf dem Sektor Keramik in den Handel. Verfeinert konnten aber nicht nur die Techniken im

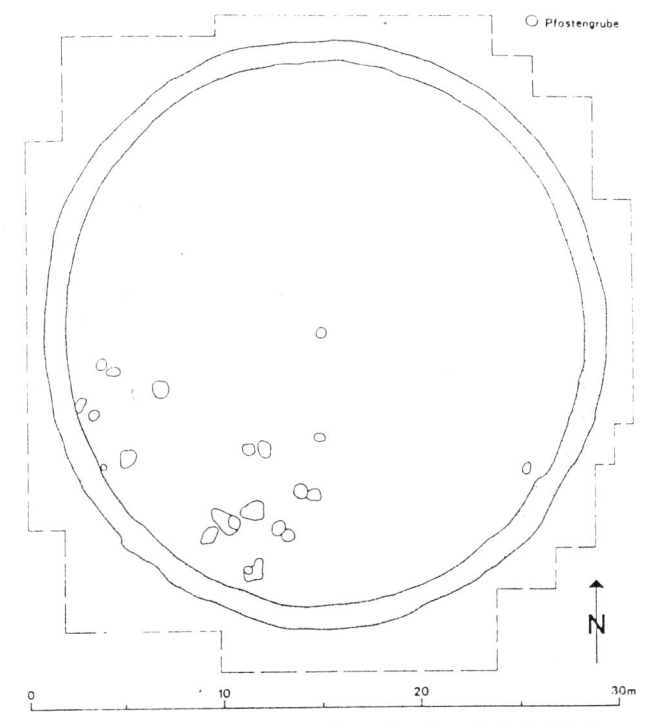

Latènezeitlicher Kreisgraben (östl. der Grundschule West)

Töpferhandwerk werden, auch beim Gießen der Bronze setzte der Gießer grazilere Gußformen ein, neue Verfahrenstechniken wurden angewandt, um kunstvollere Abgüsse zu erhalten und somit den Bronzeschmuck noch begehrenswerter zu machen. War es zunächst noch der friedliche Handel mit den Griechen, so sollten es später Eroberungszüge sein, die sie – von den Römern als grausam und kriegerisch bezeichnete Barbaren – mit den gültigen Zahlungsmitteln fremder Völker in Berührung kommen ließen. Und so dauerte es auch nicht lange, bis die Kelten ihr eigenes Geld prägten, die sogenannten Regenbogenschüsselchen. Ihr weitreichendes Gebiet – von den britischen Inseln über Frankreich und Süddeutschland bis nach Griechenland (einzelne Stämme gelangten sogar bis nach Kleinasien) – entstand durch gewaltige Landeroberungen und Unterdrückungen besiegter Völker. Diese Maßnahmen wurden notwendig durch eine ungeheuere Bevölkerungszunahme in den eigenen Reihen, so daß Häuptlinge, Stammesführer und Könige gezwungen waren, für ihre Stämme neues Land zu suchen. Selbst die Römer zitterten vor ihnen, als sie 368 v. Chr. vor Rom erschienen und die Stadt einäscherten. Wesentlich besser erging es Delphi, das 279 v. Chr. nur knapp seinem Untergang entrann. Nie aber waren die Kelten ein einiges Volk, selbst bei akuter Kriegsgefahr lag der Gedanke eines geeinten Volkes fern. Zahlreiche Könige kannten nur ihre Interessen und ihren Vorteil, und das sollte sich im 1. Jahrhundert vor der Zeitrechnung bitter rächen, als sie den aggressiven Anstürmen der späteren Besatzungsmacht, den Römern, nicht mehr standhalten konnten und durch diese stämmeweise vernichtet oder unterjocht wurden.

Im Alpenland bis zur Donau siedelten die Vindeliker, ein großer keltischer Stamm, der seine Hauptstadt in der Nähe von Manching bei Ingolstadt errichtet hatte. Ein Teilstamm nannte sich Likatier und bewohnte das Gebiet links und rechts des Lechs (Keltisch Likas, lateinisch Licus, welchen sie auch als ihren Flußgott verehrten). Leider sind die Spuren aus der Latènezeit im Königsbrunner Raum nur sehr spärlich vorhanden. Außer einem Kreisgraben mit einigen Pfostengruben und wenigen Einzelfunden deutet nichts auf eine Besiedlung hin. Wesentlich besser ergeht es da anderen Ortschaften im Landkreis Augsburg. Die Viereckschanzen deuten zumindest auf die Anwesenheit der Kelten in deren Nähe hin. So kennen wir u.a. die „Brennburg" bei Willmatshofen, nordöstlich von Reutern die „Vierekkenburg", den „Buschelberg" bei Schwabegg, die Burg beim Peterhof oder jene (durch Luftaufnahmen entdeckt) zwischen Oberottmarshausen und Wehringen. Alle Viereckschanzen hatten für die Kelten kultische Bedeutung, in denen sie ihren Göttern huldigten und Opfergaben, meist tierischer Herkunft, in Kultschächten niederlegten. Das ergaben Ausgrabungen in Württemberg oder in Bayern, z.B. bei Holzhausen in der Nähe von München.

Kaiser Augustus (31 v. Chr. bis 14 n. Chr.)

Römerzeit

Die Eroberung des Alpenvorlandes

Das 1. Jahrhundert vor Christus sollte das Schicksalsjahr für die keltische Bevölkerung im süddeutschen Alpenvorland werden. Von Norden her wurden sie immer wieder durch die kriegerischen Germanen attackiert. Vom Süden marschierten unaufhaltsam die Römer über die Alpen in das Gebiet bis zur Donau vor. Diesen beiden Fronten konnten die friedliebenden Vindeliker nicht lange widerstehen, und so war es nur eine Frage der Zeit, bis sie dem gewaltigen Ansturm unterlagen. Nach dem Tod Cäsars und der Wahl seines Adoptivsohns Oktavian zum Kaiser, legte dieser fest, daß die Grenzen im Norden gegen die wilden Germanen gesichert werden sollten. Seine beiden Adoptivsöhne Drusus und Tiberius eroberten 15 v. Chr. den mittleren Alpenvorraum und somit auch die schwäbische Hochebene. Die Römerzeit begann also 15 v. Chr. und endete ca. 400 n. Chr.. Die nicht getöteten oder in die Gefangenschaft geratenen Kelten vermischten sich im Laufe der Jahre mit angesiedelten Germanen oder der Besatzungsmacht ihres ehemaligen Landes, den Römern. Am Beginn der Okkupationszeit diente die römische Strategie nur militärischen Zwecken. So legten die Römer Militärlager an allen wichtigen Punkten, wie in Augsburg-Oberhausen (15 v. Chr. und 20 - 38 n. Chr.), in Epfach oder bei Rederzhausen (um 20 n. Chr.) an. Irgendwann in dieser Zeit wurde auch Augusta Vindelicum, die spätere Hauptstadt Rätiens, das heutige Augsburg, gegründet. Später, als die Römer ihre Grenzen gesichert und gefestigt hatten, verlegten sie ihre Truppen an die Donau und bauten dort ihre Kastelle (Burghöfe, Aislingen usw.) auf. Aus ehemaligen Militärlagern erwuchsen blühende Städte, wie man aus den beiden Beispielen von Cambodunum, dem heutigen Kempten, oder aus Augusta Vindelicum ersehen kann. Um ihre Städte sichern und auch bedrohte Gebiete schnellstmöglichst erreichen zu können, mußten großzügig ausgebaute Verbindungsstraßen angelegt werden.

Via Claudia Augusta, die erste Römerstraße nördlich der Alpen

Eine der größten militärischen Leistungen damaliger Zeit war die Via Claudia Augusta, eine der wenigen Alpenstraßen, die große politische Bedeutung erhalten sollte, als sie durch den Eroberungszug von Tiberius in den Jahren 16/15 v. Chr. in ihren Anfängen errichtet wurde. Sie ermöglichte als Nabelschnur zwischen dem Mutterland Italien und den okkupierten Ländern eine dauernde Verbindung. Der Sohn von Tiberius, Kaiser Claudius, baute die Römerstraße 41 - 54 n. Chr. aus und gab ihr den heute bekannten Namen zum Andenken und Ehren seines Vaters, der ebenfalls den Beinamen Claudius trug. Sie verläuft von Altinum in Italien über Trient, Bozen, Meran und Rabland (hier konnte ein römischer Meilenstein aus der Etsch geborgen werden; ein anderer wurde 1786 in der Kirche von St. Maria von Ces-Cesio Maggiore entdeckt) quer durch Österreich an Füssen vorbei nach Augs-

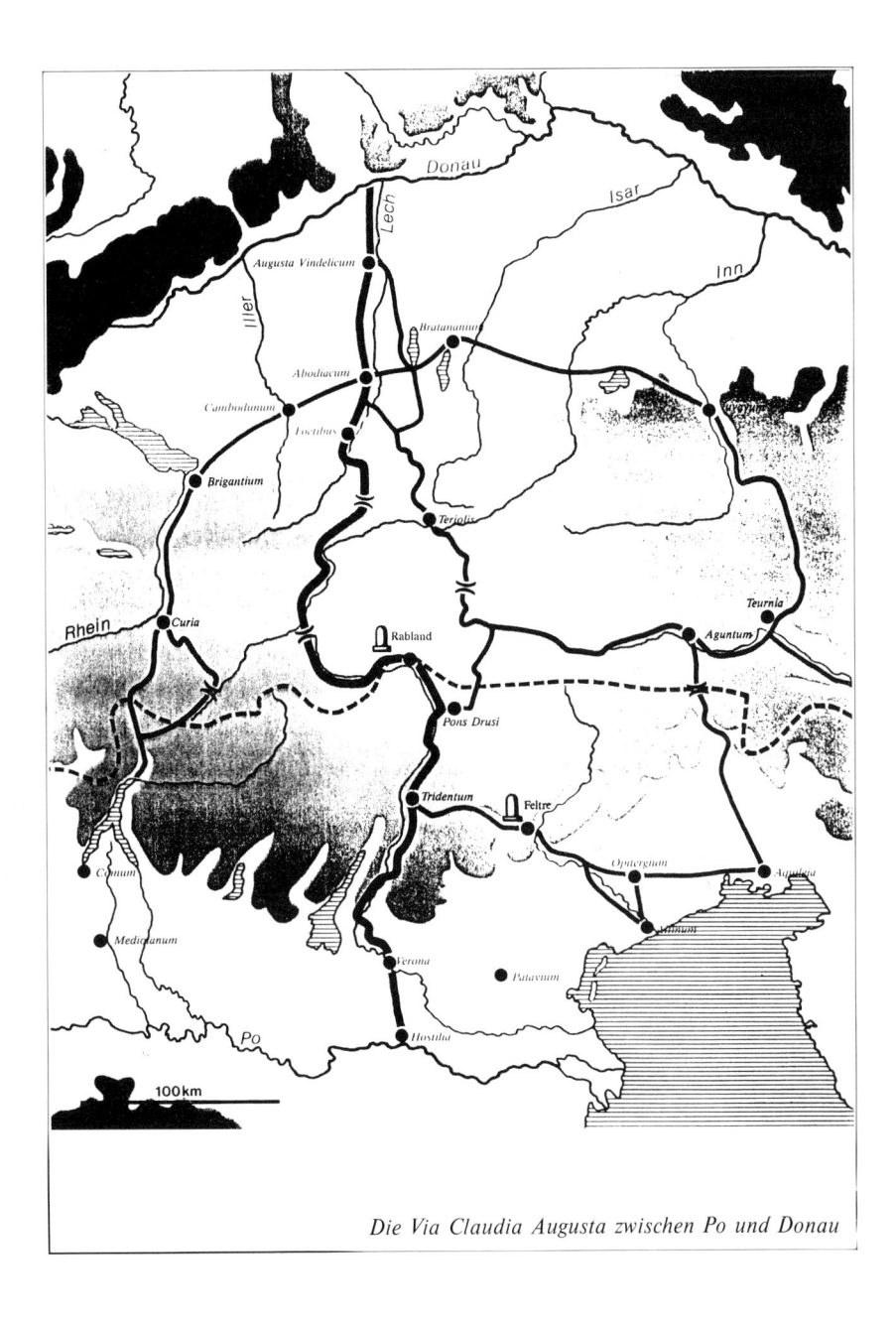

Die Via Claudia Augusta zwischen Po und Donau

burg und weiter in Richtung Norden bis zum Militärlager Burghöfe, in unmittelbarer Nähe der vorbeifließenden Donau. Zu späterer Zeit bauten die Römer die Straße bis nach Weißenburg aus, da sie ihre Grenzen weit ins Innere Germaniens verlegt und diese durch den Limes, einer stark befestigten Grenzanlage quer durch ganz Deutschland, gesichert hatten.

*Kopie des in Rabland/Südtirol gefundenen Meilensteines
(Original steht heute im Museum von Trient)*

Drusus, Stiefsohn des Augustus (38 v. Chr. – 9 v. Chr.)

Auch durch das heutige Königsbrunn verläuft die Via Claudia Augusta schnurgerade von Süd nach Nord mit einer einzigen Ausnahme beim Gasthof Neuhaus. Hier verändert sie ihre Linie auf einer Fläche von ca. 20 Quadratmetern. Der Grund hierfür ist bis heute noch nicht bekannt, und es wird schwer werden, ihn noch zu erfahren, da das Gelände durch den Gasthof, die Nepomuk-Kapelle und die B 17 alt intensiv überbaut wurde.

Mit Sicherheit benutzten bis ins hohe Mittelalter Händler, Reisende und Soldaten die Straße, dies beweisen auch Funde, auf die ich in einem anderen Kapitel noch zu sprechen komme. Danach verfiel sie in einen, mehrere Jahrhunderte dauernden Dornröschenschlaf, aus dem sie erst in neuerer Zeit geweckt wurde. Durch aktive Forscher wurde sie wieder ins Bewußtsein der Öffentlichkeit und der Bevölkerung gerückt. Doch bis dahin hatten Zerstörungen an ihr stattgefunden, die nicht mehr gutzumachen sind, so z.B. die Querung der B 17 neu und der Zubringerstraße bei Graben zur heute vierspurigen B 17 neu, oder durch mehrere Überbauungen in Wohngebieten. Auch in Königsbrunn ist sie heute auf der gesamten Länge nur noch an acht

URKUNDE

Der Bezirk Schwaben und das Landratsamt

Augsburg

als Untere Denkmalschutzbehörde teilen

der Stadt Königsbrunn

Mit, dass sich auf Ihrem Grundbesitz Pl. Nr. 791/1

Gemarkung   Königsbrunn

Gemeinde   Stadt Königsbrunn

ein aus   einem Teilstück der Via Claudia

bestehendes Bodendenkmal befindet, das den Schutz der Artikel 7 und 8 des Bayerischen Denkmalschutzgesetzes vom 25. Juni 1973 geniesst und in seinem gegenwärtigen Zustand erhalten werden soll.

Augsburg, 20.3. 19 78

Präsident des Bezirkstags Schwaben   Landrat

verschiedenen Stellen sichtbar, und es ist eine Frage der Zeit, bis sie endgültig aus dem Stadtgebiet verschwunden ist. Um so mehr ist es der Stadt hoch anzurechnen, daß sie sich bemüht, der Öffentlichkeit den Verlauf der Straße durch Aufstellungen von nachgebildeten römischen Meilensteinen und Orientierungstafeln sichtbar zu machen. So steht beim Gasthof Neuhaus am Parkplatz eine Nachbildung eines Steines, eine Orientierungstafel. Seit kurzem steht ein zweiter Meilenstein vor dem Rathaus und deutet auf die dort etwa 80 m westlich gut erkennbare Via Claudia Augusta hin.

Beim Gasthof Neuhaus hatte bereits das Landesamt für Denkmalpflege eine Schnittgrabung an der Römerstraße vorgenommen. Da an der Sperberstraße ein weiteres Wohngebiet geplant ist und demnächst gebaut wird und die Zerstörung der Trasse der Via Claudia Augusta in diesem Bereich nicht aufzuhalten ist, führten hier die Mitarbeiter des Arbeitskreises mit Genehmigung des Landesamtes für Denkmalpflege auf einem Areal von 30 x 7 m eine Untersuchung durch. Es zeigte sich auch bei dieser Schnittgrabung das gleiche Profil des Straßendammes. Da die östlich und westlich liegenden Materialgruben ebenfalls untersucht werden konnten, rundeten mehrere Funde das Grabungsbild ab. Neben einer römischen Kupfermünze, einer bronzenen Spangenfibel und dem Schmuckstück eines Pferdegeschirrs fanden sich auch Randscherben verschiedener Gefäße aus römischer Zeit.

Durch intensive Beobachtung der Königsbrunner Mitarbeiter konnte im Bereich der Dieselstraße, nördlich der Sperberstraße, eine römische Silbermünze (SILIQUA, geprägt in Avelate/Südfrankreich) aufgelesen werden. Sie zeigt auf der Vorderseite die Büste von Constantin II. mit Perldiadem, einem Sohn von Kaiser Konstantin dem Großen, und deutet auf das Jahr 354 n. Chr. hin. Es handelt sich um eine sogenannte Vota-Münze, die zu Ehren eines Kaisers beim Erreichen einer runden Zahl an Regierungsjahren geprägt wurde. Auf der Rückseite weist sie im oberen Teil die römische Zahl XXX (30) auf. Constantinius II. hatte also 30 Regierungsjahre hinter sich. Zum Cäsaren wurde er 324 n.Chr. gewählt, zählt man also die 30 Jahre hinzu, so wurde die Münze 354 geprägt. Drei Jahre später war das Schicksalsjahr

Vorderseite der Vota-Münze *Kaiser Constantius II.*
(7.8.317 bis 3.11.361 n. Chr.)

der Römer. Zu diesem Jahr schreibt der römische Geschichtsschreiber Marcellinus Amianus folgendes: „Die Juthungen, ein Teil aus dem Volk der Alemannen, verletzen die Grenzen Rätiens und dringen bis an die Städte vor und belagern sie. Sie brechen also die Verträge, die sie selbst durch Bitten von Rom erhalten haben". Im unteren Bereich der Münze ist die Zahl XXXX (40) angegeben. Es ist das Gelübde für die Erreichung des 40. Regierungsjahres. Dies sollte der Kaiser aber nicht mehr vollenden können, da er am 3. November 361 n. Chr. in Tarsus starb.

Bereits 1846 schenkte ein Pfarrer aus Augsburg dem Historischen Verein für Schwaben und Neuburg einen römischen Schlüssel, der in der damaligen Kolonie Königsbrunn beim Haus 56 – heute liegt die Stelle im Stadtgebiet bei der Einmündung der Uhland- in die Heidestraße – gefunden wurde. In den Jahren 1858/59 fanden Kolonisten auf einem Acker einen römischen Reiterhelm aus Bronze (der Fundort ist unbekannt). In einer Glasvitrine im Römischen Museum ist der Helm ausgestellt. Eine weitere gut erhaltene Münze mit dem Porträt von Kaiser Constantius II., erst in jüngster Zeit (im Herbst 1963) gefunden, konnte durch die Prähistorische Staatssammlung in München erworben werden und befindet sich dort unter vielen anderen Münzen in bester Gesellschaft.

Römischer Gutshof (Villa Rustica) in Königsbrunn

Als die Römer ihre militärischen Aktionen im gesamten Alpenvorland beendet und somit das gesamte Gebiet als Provinz Rätien fest in ihrer Hand hatten, gewannen allmählich der Handel, das Handwerk und auch die Landwirtschaft die Oberhand. Große Städte wie Cambodunum (Kempten) und Augusta Vindelicum (Augsburg), um nur einige zu nennen, aber auch die Militärlager mußten mit Nahrung aus dem Hinterland versorgt werden. In allen Himmelsrichtungen bildeten sich Landgüter oder einfachere Bauernhöfe, sogenannte Villae Rusticae, die der Bevölkerung die Nahrung in Form von Fleisch, Getreide und Feldfrüchten zukommen ließen. Heute bekannte landwirtschaftliche Anlagen waren in unmittelbarer Nähe von Augsburg angesiedelt, u.a. auch am Westrand des Wertachtales (im ehemaligen Landkreis Schwabmünchen auf Wehringer Flur) und in Friedberg (Hagelmühlweg). Im Raum zwischen Mering und der römischen Ziegelei bei Stätzling befinden sich auf der östlichen Hangkante des Lechtals allein sieben, durch Luftaufnahmen entdeckte römische Gutshöfe. In Stadtbergen befand sich eine vornehme Villa Suburbana, Königsbrunn besitzt sogar zwei Villae Rusticae auf seinem Territorium. Die eine liegt in der Nähe der Ziegelei Föll (noch nicht ausgegraben), die andere in und um den Städtischen Friedhof an der Wertachstraße. Während die Nebengebäude – sie standen im Areal des heutigen Friedhofes – bereits gegraben werden konnten, schlummert das Hauptgebäude mit dem dazugehörigen Bad noch im „Dornröschenschlaf" in der Erde und wartet auf seine Ausgrabung.

Es ist zu vermuten, daß es sich bei dem Landhaus um die Wohnstätte eines kapitalkräftigen Römers handeln mußte, da bereits die Nebengebäude einen aufwendig bemalten Verputz mit rot-grün-weißem Streifenmuster besaßen. Eine weitere Bestätigung dieser Annahme ist die Entdeckung eines Münzschatzes von 95 römischen Münzen, die in einem der Nebengebäude ausgegraben werden konnten. Es ist wahrscheinlich, daß sie zu Kriegszeiten vor dem anstürmenden Feind im Versturz, nicht alle an der gleichen Stelle, versteckt worden waren.

Die Münzen stammen aus der 2. Hälfte des 2. Jahrhunderts und enden in der 2. Hälfte des 4. Jahrhunderts. Ihr Ende fand die römische Villa wohl ebenfalls in der 2. Hälfte des 4. Jahrhunderts unter den Einfällen der kriegerischen Juthungen (357 n. Chr.). Daß die Villa umkämpft und zerstört wurde, zeigen Brandspuren an einigen Münzen sowie das ausgegrabene Skelett eines Alamannen vor einem der Eingänge eines größeren Nebengebäudes, vermutlich der Scheune.

Ausgegrabenes Nebengebäude der Villa Rustica im Städtischen Friedhof

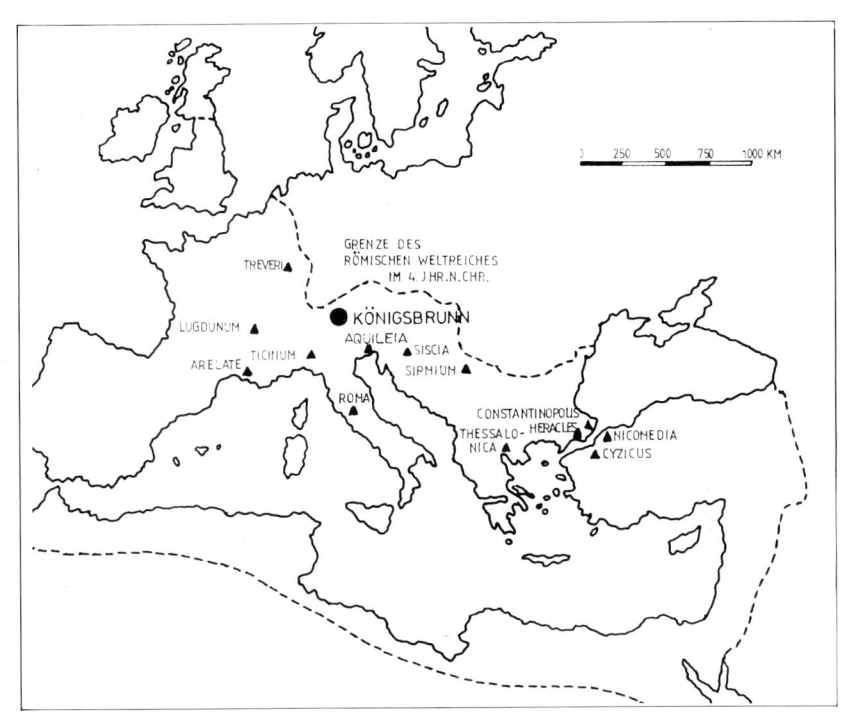

Übersicht der vertretenen Münzstätten   *Der Münzschatz von Königsbrunn*

Frühes Mittelalter

Neue Herren besetzen das Land und beginnen zu siedeln

Nach dem Zusammenbruch des Grenzwalles der Römer, dem Limes, durch die 259/260 einfallenden germanischen Stämme, wurden die Römer in ihrem besetzten Gebiet weiter nach Süden zurückgedrängt. Mit den Horden kamen auch die ersten alamannischen Siedler ins Land. Doch es sollte noch zwei Jahrhunderte dauern, bis die römische Herrschaft endgültig besiegt war. Alamannen, Juthungen und andere germanische Stämme siedelten und verbanden sich mit der zurückgebliebenen romanisierten Bevölkerung. Es ist die große Zeit der Völkerwanderung, die um 375 n. Chr. begann. Für unser Gebiet liegt das Wissen um diese Zeit leider sehr im Dunkeln. Nur so ist es zu erklären,daß im Königsbrunner Raum bis heute nur wenige Funde ans Tageslicht kamen. Eine Siedlung konnte bis zum jetzigen Zeitpunkt nicht nachgewiesen werden, auch die Einzelfunde sind spärlich. 1846 erhielt der Historische Verein von seinem Mitglied Pfarrer Göringer einen Sax (einschneidiges Kurzschwert). Es befindet sich heute unter den Stücken ohne Fundnachweis im Lager des Römischen Museums. Bemerkenswerte Gräberfelder, wie die Gräber von Achsheim und Gablingen, die oft schöne Grabbeigaben enthielten, kennen wir aus unserem Gebiet noch nicht. Da sich in unmittelbarer Nähe - mit Aus-

Wadenbindenzunge aus der Augustusstraße (frühes Mittelalter)

nahme der Stadt Bobingen – kein weiterer Ort mit den Endsilben – „ingen" befindet, ist es auch nicht verwunderlich, daß die Fundpalette aus dem frühen Mittelalter sehr mager ist. Alle Orte mit -ingen am Ende des Ortsnamens deuten darauf hin, daß es sich um alamannische Siedlungen oder Gründungen handelt. Vielleicht, so hofft der Verfasser, wird die Zukunft noch Funde aus jener Zeit zum Vorschein bringen, denn noch große Gebiete um Königsbrunn sind archäologisch unerforscht.

Viele Geschichtsforscher und auch die Mehrheit der Königsbrunner Bürger sind der Meinung, daß die „Schlacht auf dem Lechfeld" bei Königsbrunn stattgefunden haben muß. Nach Ansicht des Verfassers marschierten die Ungarn nicht in geordneten Linien auf, wie z.B. die Soldaten bei den Schlachten des Dreißigjährigen Krieges. Dies ließen schon gar nicht die aus verschiedenen Stämmen bestehenden Kampfgruppen der Ungarn zu. Es mußten auf dem Lechfeld – mittelalterliche Karten zeigen die ungeheure Ausdehnung des Lechfeldes auf – einzelne Gefechte an verschiedenen Orten gegeben haben. Dadurch ist es denkbar,daß im Königsbrunner Raum auch ein Teil der Ungarnschlacht stattfand, da überliefert wird, daß viele Ungarn nach dem Sieg des Reichsheeres am 10. August 955 südlich von Augsburg bei Siebenbrunn über den Lech flüchteten und dabei den Tod fanden. Archäologische Grabungen werden vielleicht zu späterer Zeit darüber Auskunft geben, denn bis heute – und das muß vermerkt werden – ist noch kein archäologischer Fund geborgen worden, der im Zusammenhang mit der Ungarnschlacht steht.

Zur Erinnerung an die Ungarnschlacht, ein für Europa ganz entscheidender Sieg, erinnert ein Deckengemälde – von Ferdinand Wagner aus Schwabmünchen gemalt – im Inneren der St.-Ulrichs-Kirche.

Mittelalter

Das Ulrichskreuz

War der Fundkomplex aus der Zeit des frühen Mittelalters schon spärlich, so ist er aus der Zeit des Mittelalters noch geringer. So sind in dem Werk „Vor- und Frühgeschichte aus dem Landkreis Schwabmünchen" von Hans Peter Uenze für diesen Zeitraum aus Königsbrunn keine Funde vermerkt. Mitarbeiter des Arbeitskreises konnten bis heute nur einen Beleg bei der Untersuchung der Via Claudia in der Sperberstraße bergen. Es handelt sich um ein Ulrichskreuz aus dem

Ulrichskreuz: Bischof Ulrich und die Ungarnschlacht

17. Jahrhundert und besteht aus Kupfer. Die Arbeit deutet auf die Frührenaissance hin, da auf der Ansicht von Alt-Augsburg das Rathaus bereits seine bekannten Zwiebelturmhauben besitzt. Es muß also nach 1620 angefertigt worden sein. Auf der Rückseite zeigt es den Bischof Ulrich zu Pferde, der zum Himmel betet, umgeben von Ungarn und deutschen Rittern. Das Auffinden des Kreuzes an der alten Römerstraße läßt folgenden Schluß zu: Reisende, Händler und Soldaten durchzogen das unwirtschaftliche Gebiet zu allen Zeiten, auch im Mittelalter, um auf dem schnellsten Wege in die schutzbringenden Städte zu gelangen. Dabei verloren sie kleinere, für sie oft unbedeutende Reiseutensilien.

Rückseite des Ulrichskreuzes: Ansicht von Alt-Augsburg 17. Jhr.

Zwei Spinnwirtel aus dem Mittelalter lagen im Bereich eines alten, heute nicht mehr vorhandenen Weges, der vom Gasthof Neuhaus bis nach Augsburg auf der Hangkante zur Niederterrasse durch das Königsbrunner Gebiet verläuft. Er mußte wohl im Mittelalter, aber auch noch in der Neuzeit sehr oft begangen worden sein, da sich im Fundgut viele Münzen aus der Neuzeit befinden.

Als positiver Punkt ist die „700-jährige Pause" für die Archäologen anzusehen. Funde und Befunde lagen in dieser Zeit unberührt im Boden und wurden somit nicht beschädigt oder gar vernichtet. So ist ein großer Teil der stummen Zeugen der Vergangenheit erhalten geblieben. Heute sind die Wissenschaftler in der Lage, wenn auch oft unter ungeheuerem Zeitdruck, die archäologischen Funde zu bergen, zu konservieren und somit den nachfolgenden Generationen zu erhalten. Um dies erreichen zu können, müssen aber alle Beteiligten an einer archäologischen Grabung, ob Bauherr, Architekt, Baufirma, aber auch die Gemeinde oder Stadt und die Archäologen selbst an einem Strick ziehen. Und das ist Gott sei Dank in Königsbrunn der Fall.

Albert Teichner

II. Beiträge zur Geschichte der Stadt Königsbrunn

Das Lechfeld und seine Bedeutung

In den Atlanten und Landkarten wird die Landschaft (das „Feld") zwischen Lech und Wertach als „Lechfeld" bezeichnet. Diese von den Eiszeiten gebildete Ebene des Alpenvorlandes, dehnt sich in einer Breite von ca. 6 - 10 km gleichmäßig und terrassenförmig abfallend von Landsberg - Schwabmühlhausen - Hurlach im Süden (ca. 590 m über dem Meer) bis nach Thierhaupten, nördlich von Augsburg (ca. 620 m ü.d.M.), aus. Die westlich an die Wertach angrenzende Hochterrasse wird Hochfeld, Hochstraße oder Bergfeld genannt. Die magere Schotterebene der Niederterrassen westlich des Lechs ist das eigentliche klassische (schwäbische) Lechfeld, während es östlich des Lechs, von Unterbergen bis Hochzoll reichend, als bayerisches Lechfeld bezeichnet wird.

Königsbrunn liegt mit seiner gesamten Flur inmitten des schwäbischen Lechfeldes. Hier überwiegt unwirtlicher und landwirtschaftlich wenig ertragreicher Boden. Der Waldbestand beschränkt sich auf die Lechauen, unmittelbar am Fluß. Er besteht vorwiegend aus Erlengewächsen, Wacholdergesträuch, Weiden, Kiefern und Birken. In dieser Auenlandschaft eingebettet befindet sich die Königsbrunner Heide. Hier wurden vom ehemals wilden Lechfluß in den Überschwemmungszeiten die Samen und Pflanzen der Alpenflora abgelagert und sie fanden in dieser Schotterebene die gleichen Wachstumsbedingungen vor wie in den Alpen. Die Schotterböden des Lechfeldes waren ja auch von den Gletschern der Eiszeiten, vielleicht schon mit Samen und Pflanzenteilen von den Alpen, hierher getragen worden. So ist die Königsbrunner Heide wegen dieser Besonderheiten ein weltweit bekanntes Naturschutzgebiet.

Das Straßendorf Königsbrunn auf dem Lechfeld (Aufnahme von 1966)

Schlachtfeld und Militärsstandort

Bedingt durch die geringe Besiedlung und die ebene Fläche, war das Lechfeld (östlich und westlich des Lechs) ideal für Schlachten und Heeresaufmärsche: Im Jahre 15 v. Christus fielen Drusus und Tiberius in Vindelicien ein.
Für das Jahr 451 wird der Gunzenlee als Sammel- und Lagerplatz der Hunnen unter König Etzel auf ihrem Zug nach Worms genannt. Derselbe Gunzenlee ist ab 504 als Thingstätte in der Zeit der alemannischen Landnahme bekannt.
Auf dem Lechfeld besiegen 743 die fränkischen Hausmeier Pippin und Karlmann den Bayernherzog Odilo. Ebenfalls beim Gunzenlee

beendet Karl der Große im Jahre 787 die Unabhängigkeitsbestrebungen des Sohnes von Herzog Odilo, Bayernherzog Tassilo III. Diese Niederlage war auch gleichzeitig der Anfang vom Ende des bayerischen Stammesherzogtums.
Am 7. August 952 hielt König Otto auf dem Thinghügel Gunzenlee seinen Reichstag ab.
Im Jahre 955 aber kam das bedeutenste und bekannteste Ereignis auf dem Lechfeld: Die Ungarnschlacht. Hier wurden die Spannungen zwischen dem Abendland und dem Osten endgültig entschieden.
Auf dem Lechfeld trafen sich im Jahre 1315 Ludwig der Bayer und Friedrich der Schöne von Österreich im Kampf um die deutsche Königskrone. Hier kämpften bayerische Herzöge mit dem aufkommenden Bürgertum (1372) und sammelten sich aufständische Bauern (1525). Im schmalkaldischen Krieg wurden Bobingen und Großaitin-

Ausgrabungen beim Friedhofsneubau

gen geplündert (1546) und im 30jährigen Krieg lagerten Schweden mit Franzosen (1648) und Kroaten, Bayern und Kaiserlichen. Schließlich zogen im 18. Jahrhundert in den französischen Revolutionskriegen Franzosen, Russen, Italiener, Neapolitaner und Österreicher nach den Panduren durch.

1859 begann die Karriere des Lechfeldes als Truppenübungsplatz und Militärstandort. Vom 11. bis 18. August fand die erste Übung statt. Im Jahr des preußisch-süddeutschen Krieges, 1866, begann die dauernde Nutzung als Truppenübungsplatz. Ein Barackenlager für 10.000 Mann wurde eingerichtet und Zielbauten angelegt. Zu Beginn des Krieges von 1870/71 gegen Frankreich wurde ein Teil der bayerischen Truppen in Lagerlechfeld zusammengezogen. Während des Krieges richtete das Kriegsministerium ein Gefangenenlager für Franzosen ein.

In viel größerem Ausmaß wiederholten sich die Ereignisse von 1870 zu Beginn des 1. Weltkrieges. Ab dem Jahre 1910 entwickelte sich der Standort Lechfeld auch zum Zentrum der Militärfliegerei. Unter dem Decknamen „Höhenflugzentrale für den Deutschen Flugwetterdienst" wurde von 1934 bis 1936 eine Kampffliegerschule aufgebaut. Der Flugplatz Lechfeld entwickelte sich zu einem der schönsten und bedeutensten Fliegerhorste der 30er Jahre. Dies war wohl auch der Grund für mehrere große Luftangriffe, die den Fliegerhorst Lagerlechfeld 1944 fast vollständig zerstörten. Was am Ende übrig blieb, wurde gesprengt.

Als im Jahre 1956 die ersten fünf Bundeswehrsoldaten ankamen, um Lagerlechfeld zum 3. Mal nach 1866 und 1934 aufzubauen, fanden sie nur ein von den Amerikanern provisorisch eingerichtes Militär-Untersuchungsgefängnis verlassen vor.

Schnittpunkte von Handel und Verkehr

Nach den Siedlungsspuren und Funden aus vorchristlicher Zeit zu schließen, muß auf dem Lechfeld ein reges Verkehrsleben stattgefunden haben. Die erste, als Bodendenkmal erhaltene, mit eigener Technik gebaute Straße ist die Via Claudia. Sie verband seit 41-54 Augusta Vindelicien (Vindelicorum) – Augsburg – mit Italien. Eine weitere römische Straße zog sich entlang der jetzigen Hochstraße. Auch östlich des Lechs führte eine römische Straße auf Augsburg zu. Bei Schwabstadl zweigte eine Straße in Richtung Osten ab. Als Knotenpunkt dieses römischen Fernstraßennetzes wurde Augsburg beinahe von selbst zu einem Mittelpunkt von Handel, Wirtschaft und Kultur.

Stadt Königsbrunn (Aufnahme von 1979)

Da auf dem Lechfeld in Nord-Südrichtung kaum Hindernisse vorhanden waren, bot sich diese Landschaft zum Straßenbau geradezu an. Im Jahre 1660 wurde vom Hochstift mit der sogenannten „Hochstiftstraße" eine direkte Verbindung nach Klosterlechfeld und Landsberg geschaffen. Bis dahin fuhren und ritten die Reisenden entlang den Lechauen, da die Via Claudia über Graben, Untermeitingen nach Epfach führte. Diese neue Straße verlief von Augsburg bis zum Neuhaus auf der Trasse der Römerstraße und zweigte auf der Höhe der heutigen Gaststätte Neuhaus in einem spitzen Winkel links ab, um schnurgerade über Klosterlechfeld nach Landsberg zu führen.

Der Ausbau der Verkehrsverbindung von der mittelalterlichen Metropole Augsburg zum nächsten Handelsknoten Landsberg war auch wegen der zunehmenden Bedeutung des Handels notwendig geworden. Hauptausfuhrgüter waren seit dem 13. und 14. Jahrhundert die Leinengewebe aus heimischem Flachs-, Woll- und Barchentmaterial. Besonders im 16. Jahrhundert und bis zum Ausbruch des 30jährigen Krieges entfaltete sich das Textilgewerbe in Augsburg.

Von den 46.000 Einwohnern im Jahre 1612 waren 12.420 Weber, samt deren Familienangehörigen, Gesellen und Dienstboten. Inhaber der Meistergerechtigkeit waren davon 3.024. Von diesen arbeiteten 2.199 selbständig, zum Teil mit ein oder zwei Gesellen. Insgesamt wurden in jenem Jahr 430.636 Stücke Barchenttuch in alle Welt geliefert.

Der ständig wachsende Güterverkehr, die Unsicherheiten der öden, unbewohnten Gegenden und die schlechten Straßenverhältnisse zwangen die Gelegenheits-Fuhrleute, sich zu organisieren. Im Jahre 1597 kam es zu einer allgemeinverbindlichen „Rod-Ordnung" für alle „Kauff-, Handel- und Gewerbeleuth von Augsburg und anderen Orthen aus dem Reich in das Gebirg auch durch das Landt der fürstlichen Grafschaft Tyroll, Bozen und Italien". Aus den Fuhrleuten an den Straßen über das Lechfeld nach Schongau hatte sich die „Schongauer Rott" gebildet. Zu ihnen gehörten auch die Fuhrbauern aus den Straßenorten.

Auch der Lech selbst war ein bedeutender Verkehrsträger. Eine Schiffahrt dürfte wegen der gewaltigen Strömung nicht versucht worden sein – es ist mindestens nichts bekundet. Die Lechflößerei war jedoch zeitweise recht bedeutend. Bereits zu Beginn des 14. Jahrhunderts setzten die Transporte in größerem Umfang ein. Um 1600 legten in Augsburg etwa 3.500 Flöße jährlich an. Die letzte Floßfahrt führte im Jahre 1913 der Flößer von Lechbruck, Mayer-Pfannholz, durch.

Am 1. September 1847 wurde die Eisenbahnlinie Augsburg – Kaufbeuren und am 15. Mai 1877 eine 22,55 km lange Lechfeldeisenbahn als „Sekundärbahn" zur Truppenversorgung und Materialbewegung des seit 1859 entstehenden Truppenübungsplatzes Lagerlechfeld eröffnet.

Das Neuhaus als Zollstation und Raststätte

Der Dekan Johann Christoph von Freiberg (von 1665 bis 1690 auch Bischof von Augsburg) veranlaßte im Jahre 1660 als Administrator (Domprobst) des Bischofs Sigmund Franz, Erzherzog von Österreich, den Bau einer direkten Verbindung zum Wallfahrtsort Lechfeld und von da über Landsberg ins hochstiftische Ostallgäu. Nach Errichtung dieser bereits erwähnten Hochstiftstraße sollten die Beamten des domkapitelschen Probstamtes Großaitingen einen Wegezoll erheben. Ihnen oblag auch die Straßeninstandhaltung. Die Kaufleute, Bauern und Wallfahrer wollten jedoch den Wegezoll umgehen und benutzten immer wieder die alte Straße. Deshalb wurde auf Weisung des Bischofs im Jahre 1688 ein mit Vorrechten sowie einer Verpflegungs- und Vorspannstation ausgestattetes Zollhaus errichtet. In diesem Zollhaus wurde nun der Beauftragte des Probstamtes untergebracht, um Wegegebühren zu kassieren. Die Umspannstation wurde bewußt mitten auf die alte Römerstraße gestellt, damit die neue Straße nicht mehr umgangen werden konnte und somit die Fuhrleute gezwungen waren, diese in Anspruch zu nehmen. Weigerten sie sich zu bezahlen, so wurden die Bobinger Sechser, die damalige Polizei, gerufen, da die Zollstation der Bobinger Gerichtsbarkeit unterstand. Die Fuhrleute wurden verhaftet und nach Bobingen transportiert. Angesichts dieser Aussichten dürften die meisten jedoch die Bezahlung des Wegezolls vorgezogen haben.

Der Wegezoll vom Neuhaus wurde zwischen dem Hochstift, dem Reichsstift St. Ulrich und der Reichsstadt Augsburg im Verhältnis 5:1:1 aufgeteilt. Im Jahre 1786 wurde eine Straßenbauordnung des fürstlichen Hochstifts Augsburg erlassen und darin die Erneuerung sowie der Unterhalt der vernachlässigten Straßen den an ihnen liegenden Ortschaften übertragen.

Gaststätte Neuhaus mit Nepomukkapelle um die Jahrhundertwende

Wer der erste Neuhauswirt, anfänglich auch „der neue Lechfeld- oder Mittellechfeldwirt" war, läßt sich nicht eindeutig ableiten. Die Wirte waren mit den Brauerei-, Käserei-, Bäckerei- und Metzgereirechten ausgestattet und hatten einige Steuerfreiheiten. Sie konnten auch ihre fälligen Frondienstleistungen durch Bezahlung von jährlich 4 Gulden an die Gemeindekasse Bobingen ablösen. Abgaben an den Klerus mußten sie jedoch weiterhin leisten. So war an den Pfarrer von Bobingen der sogenannte Blutzehent und das Kirchbrot abzuführen. Der Bobinger Messner erhielt je zwei wintrige und sommrige Garben Kreuzroggen. Der vermutlich erste – nachgewiesene – Neuhauswirt Johann Sedelmayr und seine Frau Elisabetha stammten aus Oberottmarshausen. Sie erlebten ein erfreulich zunehmendes Verkehrsaufkommen und einen wachsenden Wallfahrerstrom. Nach den Hostienrechnungen des Klosters Lechfeld zählte man von 1707 bis 1718 insgesamt 44.000 Kommunikanten. In den Folgejahren stieg die Zahl bis 65.000 (jährlich) und im Jahre 1720 sogar auf 105.000.

Als Johann Sedelmayr am 27.12.1727 starb, übernahm sein Sohn Johann Georg die Gaststätte. Er erbaute 1734/45 die Nepomukkapelle. Woher der Name „Neuhaus" stammt, läßt sich ebenfalls nicht eindeutig nachweisen. Eine mögliche Erklärung bringt Matthias Wahl in seinem Schreiben vom 25. September 1842 an die Regierung, die Gründung der Kolonie Königsbrunn betreffend: „Auf dem Lechfelde, jenem klassischen, vom Ungarn blutig gedüngten Kiesboden, wo den 10. August des Jahres 955 die Deutsche Kraft vereint und begeistert durch den heiligen Bischof Ulrich und Kaiser Otto I. das Ungarnheer vernichtete, das gekommen war, Deutschland auszurauben und unter sein Joch zu bringen, auf jener weiten Fläche erhebt sich jetzt auf der rechten Seite des Lechflußes eine halbe Stunde von der alten Römerstation ad novas (Neuhaus Anm. d. Ver.) ein freundliches Dörfchen, die Kolonie Königsbrunn, von deren Gemeindeangelegenheiten ich Eure königliche Majestät im vergangenen Jahre bereits in Kenntnis gesetzt habe". In einer anderen Quelle, den Pfarrmatrikeln der Gemeinde Oberottmarshausen der Jahre 1750 bzw. 1760 tauchen die Bezeichnungen „Caupo Neohusianae" und „Hospes Novum Hospizium" auf. Welcher Begriff nun zum Namen Neuhaus geführt hat, mag der Phantasie des Lesers überlassen bleiben. Daß das Neuhaus die ganze Zeit über eine willkomene Einkehr war und gerne angenommen wurde, beweißt auch eine Tafel, in der die genaue Entfernung von Augsburg hierher mit 14.245 Schritt und von hier bis Lechfeld mit 13.222 Schritt, also „Summa von Augsburg bis Lechfeld 27.467 Schritt. Abgeschritten im Jahre 1720 von Meister Johann Spieß, Lederer in Buchloe" aufgezeichnet ist.

Die Lebensverhältnisse zu Beginn des 19. Jahrhunderts

Reformen und Neuerungen schaffen die Möglichkeit zur Gründung

Die Ländereien des Lechfeldes waren bis auf wenige Ausnahmen (z.B. Familie Imhof auf Untermeitinger Flur) in Besitz und unter der Herrschaft von Hochstift und Domkapitel Augsburg. Auch einige Stifte und Klöster, wie das Reichsstift St. Ulrich und Afra, das Kloster Heilig Kreuz, das Stift St. Moritz (alle Augsburg) und das Kloster Rottenbuch hatten kleinere Ländereien. Mit dem „Hauptschluß der außerordentlichen Reichsdeputation" fielen diese Besitzungen im Jahre 1803 an den Kurfürsten von Pfalzbayern, Max IV. Josef, den späteren König Max I. Josef. Er beruft im gleichen Jahre noch den Bayerischen Staatsminister des königlichen Hauses und des Äußeren Maximilian Graf von Montgelas auch zum Staatsminister der Finanzen. Unter seiner Federführung sollten wesentliche Änderungen für die weitere Entwicklung des Landes Bayern durchgeführt werden. Zuvor jedoch war schon die allgemeine Schulpflicht (1802) und das „Edikt die Religionsfreyheit in den churfürstlichen Herzogthümern Franken und Schwaben betreffend" eingeführt worden: Nicht-Katholiken erhielten dadurch das Niederlassungsrecht in Bayern. Dies war nötig geworden, da mit dem Reichsdeputationshauptschluß Bayern auch protestantische Gebiete zugesprochen bekommen hatte. Diese Gewissens- und Kultusfreiheit fließt in die unter der Federführung von Graf von Montegelas entstehende Bayerische Verfassung im Jahre 1808 ebenso ein, wie die Sicherung des Eigentums, der Gewissens- und (teilweise) der Pressefreiheit. Auch die Leibeigenschaft wurde abgeschafft.
Die Herstellung des freien Verkehrs im Landesinneren und die Aufhebung des Wegegeldes (1828) waren ebenso Vorbedingungen für einen weiteren Aufschwung des Handels, sowie die Liberalisierung der Vorschriften über Heimat, Ansässigmachung, Verehelichung und das Gewerbewesen. Die neue Zoll- und Mautordnung ließ ab 1808 einen großen Teil kommunaler Abgaben zollähnlichen Charakters wegfallen. Damit wurden auch Wege für ein einheitliches Wirtschaftsgebiet geebnet.

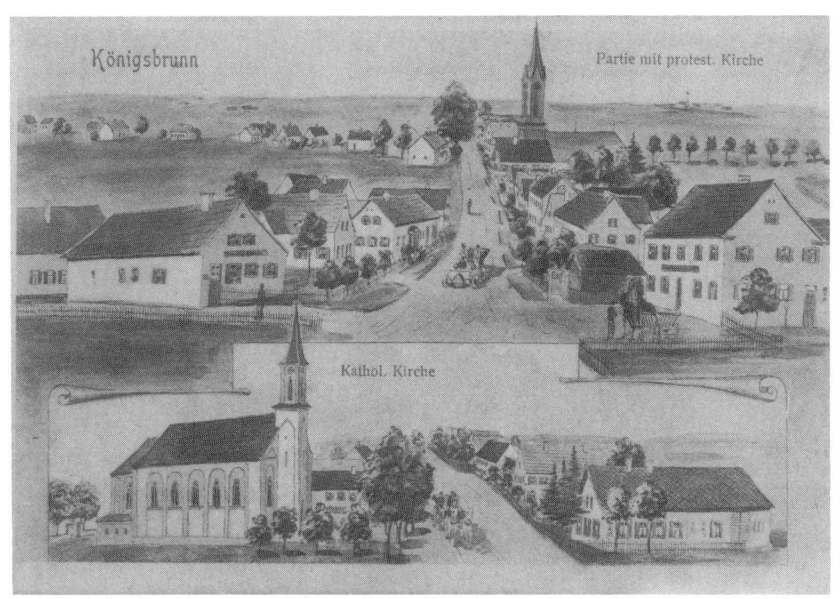

Postkarte um 1910

Kirchen- und Schulwesen

Parallel zu den Reformen und Neuerungen wurde auch die staatliche Kirchen- und Schulaufsicht eingeführt. Mit der Einführung der allgemeinen Schulpflicht (1802) für Kinder vom 6.-12. Lebensjahr und der daran geknüpften Vermehrung der Schulen auf dem Lande, rückte man der erschreckend großen Zahl der Analphabeten zu Leibe. Die unmittelbare Schulaufsicht über die einzelnen Schulen führte die dem Bezirksamt (vergleichbar mit heutigem Landratsamt) untergeordnete Orts- und Lokalschulbehörde. Dieser gehörten der Pfarrer, der Bürgermeister und zwei bis drei Abgeordnete der Gemeinde an. Die Leiter der Distriktsschulbehörde im Bezirksamt (Schulräte im heutigen Sinne) waren im 19. Jahrhundert durchwegs Geistliche. Zur Zeit der Gründung Königsbrunns war Franz Ebenteuer, Pfarrer von Bobingen (von 1823 bis 1853), Leiter dieser Behörde.

Der Staat verlangte von den Lehrern absolute Unterwürfigkeit. Er hatte sogar zu seiner Verehelichung die dienstliche Bewilligung der Kreisregierung, Kammer des Inneren, einzuholen, „er mag in dieser Eigenschaft schon drei Dienstjahre zurückgelegt haben oder nicht". Die Schulpflicht selbst dauert zunächst sechs Jahre, wurde aber 1856 auf sieben Jahre ausgedehnt. Anschließend an die siebenjährige Schulpflicht (Werktagsschule) folgte eine dreijährige Sonntagsschulpflicht. Nach Beendigung dieser Schule mußte sich der Schüler einer Schlußprüfung unterziehen. Er erhielt ein Abschlußzeugnis. Dabei wurden den Schülern öffentliche Belobigungen ausgesprochen, manche erhielten Buchpreise. Die Werktagsschule war eingeteilt in den „Winterschulunterricht", vom 1. Oktober bis 31. Mai und in den „Sommerschulunterricht" für das restliche Schuljahr. Die Unterrichtszeit betrug fünf Stunden, die während der Winterzeit in drei Stunden vormittags, zwei Stunden nachmittags, in der übrigen Zeit durchgehend zu halten war. Die Sommerschule konnte auf dem Lande gekürzt werden, der Unterricht begann wegen der Erntearbeiten an manchen Orten bereits um 6 Uhr und endete um 9 Uhr. Für die Sonntagsschule waren zwei Stunden vorgesehen, hinzu kam noch der Religionsunterricht, die sogenannte „Christenlehre". In jeder Woche gab es einen schulfreien Tag oder zwei schulfreie Nachmittage. Für die Werktagsschule mußte ein Schulgeld von jährlich 70 Pf, für die Sonntagsschule pro Kind 35 Pf entrichtet werden. Minderbemittelte waren befreit. Das Geld floß in die Gemeindekasse, womit der laufende Sachbedarf für die Schule (Lehrmittel, Reinigung, Heizung usw.) bestritten werden mußte. Erst im Jahre 1888 wurde der Grundsatz der unentgeldlichen Unterrichtserteilung verwirklicht.

Landwirtschaft, Handel, Handwerk und Industrie

Noch um 1820, zu Beginn des Industriezeitalters, war Bayern ein Agrarstaat mit ganz wenigen überregionalen Gewerbetreibenden. Die Bauern waren am Außenhandel mehr beteiligt als das Gewerbe, wobei der Import ohnehin größer war als der Export. So war der Anteil von

Das Hofstetter Anwesen

Schweinen an der Gesamtausfuhr 20%, der Gewerbeprodukte aber nur 6,5%. Mit dem Zugewinn von Franken und Schwaben (Nürnberg und Augsburg) erwarb Bayern auch viele Gewerbebetriebe. Die Bauernschaft selbst hatte unter vielen Beschränkungen und Beschwernissen zu leiden. Die Steuern lasteten fast ausschließlich auf ihnen, und daneben mußten sie ihren Grundherren Zinsen, Zehent und Fronarbeit leisten. Nach der Säkularisation bot der Kurfürst den Bauern, die bisher unter kirchlicher Hoheit standen, die Möglichkeit, das volle ungeteilte Grundeigentum abzulösen. Trotz Neuerungen und Erleichterungen und der Abschaffung der Leibeigenschaft hatten die Bauern weiterhin schwer unter den Belastungen zu tragen. Die dauernde Ablösung der Grundlasten in Geld machte bis zur Mitte des 19. Jahrhunderts auch nur auf staatseigenem Boden größere Fortschritte. Die größeren Freibauern entschlossen sich immer mehr, die Schulden und Lasten durch Gutsverkleinerungen, also durch Abgabe eines Teils des Besitzes, abzuwälzen. Jährlich wurden so im ersten

Viertel des Jahrhunderts ca. 500 Betriebe zertrümmert. Das bedeutendste Ereignis der bayerischen Wirtschaftsgeschichte im 19. Jahrhundert war deshalb wohl neben der Industrialisierung die Grundentlastung von 1848.

Schon im 18. Jahrhundert war in der Augsburger Umgebung Großgewerbe aufgekommen. In Göggingen entstanden eine Majolikafabrik und eine mit Singgoldwasser betriebene Kattunfabrik, in Haunstetten neben der alten „Papiermihl" eine Fabrik und in Großaitingen eine Strumpf- und Baumwollfabrik, die 1200 Heimarbeiter beschäftigte. Schwabmünchen besaß eine ähnliche Fabrik mit etwa 2000 Heimarbeitern. Die Gewerbestatistik für den Raum Augsburg aus dem Jahre 1809/10 ergibt folgenden Überblick:

Gemeinde,	Einw.	Handw. insges.	davon: Weber	Bierbrauer	Brenner	Müller	Krämer
Bobingen	1243	46	3	4	3	3	2
Göggingen	1079	84	5	2	4	?	?
Haunstetten	584	36	6	1	5	?	?
Inningen	468	30	6	2	3	?	0
Großaitingen	1046	58	4	3	1	3	3
Kleinaitingen	287	10	2	1	–	1	0
Lechfeld	116	13	–	2	1	–	–
Ottmarshausen	250	10	3	1	1	–	–
Schwabmünchen	2119	110	2	8	5	2	5
Untermeitingen	491	19	–	1	1	–	–
Wehringen	745	28	–	2	2	2	1

1818 war im rechtsrheinischen Bayern das Recht, Gewerbekonzessionen zu erteilen, teilweise an die Gemeinden übergegangen. Dies bedeutete aber eine Einschränkung. Da die Gemeinden auch für die Armenfürsorge aufzukommen hatten, waren sie daran interessiert, daß nur dann Konzessionen erteilt wurden, wenn ein „gesicherter Nahrungsstand" vorlag (der Lebensunterhalt gesichert war). Dies hatte zur Folge, daß die dadurch bedingte Handwerkerauswanderung wiederum durch das sogenannte „Entvölkerungsgesetz" bekämpft werden mußte. Die Gesetze vermochten aber nicht, das Handwerk gegen die Bedrohung durch ausländische Konkurrenz und durch die vordringende Fabrikindustrie zu schützen. Insbesondere die Handweberei war von der Industrialisierung betroffen. In der Revolution von 1848 versuchten sie zum letzten Mal, verzweifelten Widerstand gegen die Industrialisierung zu leisten.

Bevölkerungsentwicklung

Die Bevölkerung Bayerns betrug 1818 rund 3,7 Millionen Menschen. Sie sollten sich bis zum Ende des Jahrhunderts verdoppeln. Während die Bevölkerungsverluste durch Seuchen nach der Errichtung von Kanälen in den Städten allmählich aufhörte, verminderte sich die Bevölkerung Bayerns durch Auswanderungen um jährlich bis zu 25.000 Menschen.
Ein besonderes Wachstum hatten die großen Städte durch Zuwanderung aus Kleinstädten und vom flachen Land zu verzeichnen. So nahm Augsburg von 1830 bis 1910 um ca. 100.000 Menschen zu.
Gleichzeitig hatte sich aber die landwirtschaftliche Bevölkerung Bayerns in Gemeinden unter 2.000 Einwohnern nicht vermindert, jedoch war in der gesamten beruflichen Entwicklung in ganz Deutschland deutlich die Wandlung vom Agrarstaat zum Industriestaat zu spüren. Mit dieser Entwicklung war auch eine neue soziale Struktur entstanden. Zwar war eine Lohnarbeiterschaft in der Landwirtschaft (Tagelöhner) schon bekannt, aber im Zuge der mit der Industrialisierung verbundenen Wanderbewegungen bildete sich in der sogenannten unterbäuerlichen Schicht teilweise ein Proletariat heraus. Man spricht von Pauperismus (Massenarmut). Notleidende Gruppen gab es aber auch in der gewerblichen Unterschicht der Städte.
Die ständige Bevölkerungszunahme veranlaßte die Regierung, unbebautes und wertloses Land, wie Moor und Heideland, zur Besiedlung anzubieten. Siedlungsprogramme wurden entwickelt. Besonders in Moorgegenden, aber auch im wertlosen Auen- und Heideland am Lech begann Siedlungstätigkeit. Im Donaumoos entstanden nach der

Jahrhundertwende die ersten Ortsgründungen. Ab 1813 wird Friedheim, im Jahre 1817 die Hammerschmiede gebaut. Um 1830 beginnt die erste Siedlungstätigkeit auf dem Bobinger Lechfeld. Die Kolonie Hurlach entsteht ab 1850.

Die ersten Kolonisten

Rentamtmann Geiger – Vater der Kolonie Königsbrunn?

Von staatlichen Siedlungsprogrammen oder Ansiedlungshilfen auf dem Lechfeld ist nichts bekannt. In der Geschichte der Besiedlung des öden Landes taucht jedoch immer wieder ein Name auf: Georg Geiger, Rentamtmann, wohnhaft in Schwabmünchen Nr. 1/2.
In den Protokollen der Gemeinde Bobingen aus den Jahren 1827/28 werden auch verschiedene Grundstücksgeschäfte genannt, die auf vereinzelte Niederlassungen in dieser Gegend hinweisen. So kaufte

Die Friedel-Schmeide zählt zu den ältesten Anwesen Königsbrunns. Beim Abbruch der alten Schmiede im Jahre 1935 wurde ein Ziegelstein mit dem Aufdruck 1825 entdeckt, den die Fam. Friedel dem Lehrer Lang übergab

Die „neue" Schmiede

ein Nikolaus Stadler vom Neuhauswirt Plöbst mehrere Tagwerk Wiesgründe, ein Bürger der Gemeinde Bobingen namens Leonhard Hauser mußte, um sich von seinen drückenden Grundlasten zu befreien, verschiedene Verkäufe tätigen. Mit dem Rest seines Vermögens ließ er sich auf dem Lechfeld nieder. Bei ihm fürchtete die Gemeinde, daß er der Armenkasse zur Last fallen werde, „weil er und sein Eheweib durchaus nicht zu wirtschaften verstehen", und sie machten ihm Probleme. Mit Michael Fischer und Michael Hörtrich sind zwei weitere Kolonisten aus Bobingen aktenkundig, die sich um 1828 auf dem Lechfeld bereits niedergelassen hatten.

Nach der Errichtung der Königsbrunnen (im Jahre 1833) – zwischen Haunstetten und der Gaststätte Neuhaus, beim späteren Mitzelanwesen sowie zwischen Neuhaus und Klosterlechfeld etwa in Höhe der Gemeinde Oberottmarshausen – wurden die Grundstücksgeschäfte auf den Lechfeldweiden reger. Diese Weiden waren für die Bobinger Landwirte und ihre Viehwirtschaft nur von geringer Bedeutung. So erwarb auch Rentamtmann Geiger aus Schwabmünchen bis zum Jahre 1836 einen Grundbesitz von 137 Tagwerk 25 dm.

Bei der Errichtung des Springbrunnens im Jahre 1983 wurde der alte „Königsbrunnen" beim Mitzelanwesen freigelegt.

Dazu kaufte und tauschte er in den folgenden Jahren weitere Grundstücke. Auf seine Veranlassung hin erwarb Josef Wiedemann, Schreinermeister aus Diedorf, das Grundstück Plannr. 2693, Lechfeld Sechzehner. Er wollte darauf zunächst drei Häuser erbauen. Aber auch hiervon war die Gemeinde Bobingen nicht begeistert und legte beim Landgericht Schwabmünchen und bei der königlichen Regierung des Oberdonau-Kreises Protest ein. Obwohl Wiedemann Grundbesitz in der Gemeinde hatte, befürchteten die Bobinger Bürger, daß sich die dort ansiedelnden Familien von dem mageren Lande nicht ernähren könnten und der Armenkasse zur Last fallen würden. So wollten sie auch diese drei Häuser nicht in den Brandversicherungsverband einverleiben lassen. Laut Regierungsreskript vom 27.06.1835 besaß Josef Wiedemann insgesamt 27,45 Tagwerk.

Die Frage, ob Rentamtmann Geiger mit seinen Tätigkeiten einen Beitrag zu den Ansiedlungsbemühungen der Regierung sah oder ob er schlichtweg spekulierte, läßt sich nicht zweifelsfrei klären. Ein kurzer Auszug zeitgenössischer Berichte und Akten des Staatsarchivs (StAN, Reg. Nr. 5837) zeigt das schillernde Bild einer interessanten Persönlichkeit.

Die älteste Handschrift, der historische Bericht des exponierten Kaplans Josef Wagner aus dem Jahre 1851, erwähnt ihn als den geistigen Vater der Kolonisierungsidee: „Dem königlichen Rentbeamten von Schwabmünchen – Geiger – gehört das Verdienst, die erste Anregung zu Niederlassungen auf dem Lechfelde gegeben zu haben". Für Peter Johann August Arndt (Pfarrvikar von 1861 bis 1865 in Königsbrunn) ist er der eigentliche Vater der Kolonie. Er schildert die Vor-

Das Mitzelanwesen – eines der Wiedemannschen Häuser

gänge folgendermaßen: „Bei der behaupteten schlechthiniegen Sterilität des Bodens, der wahrscheinlich aus einer vor Jahrhunderten geschehenen Diluvialaufschwemmung des Lechs entstanden sein dürfte (nach dem fast mauerfesten Kiesgeröll zu schließen) und auf dem sich durch die Länge der Zeit einige Zoll Humus gebildet haben, erregte es Erstaunen, ja vielleicht auch höhnisches Mitleid mit der vermeintlichen Thorheit, als 1836 auf Anleitung und mit Unterstützung des damaligen königlichen Rentbeamten Geiger in Schwabmünchen Schreinermeister Johann Wiedemann von Diedorf die drei ersten Häuser erbaute und dieselben von einem gewissen Vogel und Karl Leber angekauft wurden. Diese drei Häuser sind demnach die Begründung der hiesigen Kolonie (welche noch jetzt als Hausnummer 11, 12 und 13 bestehen) und ist daher der eigentliche Vater der Kolonie der genannte königliche Rentbeamte, der auch noch fernhin mit seinem bedeutenden Privatvermögen die Kolonisten kräftig unterstützte".
Während Pfarrer Rohn im Jahre 1911 in seiner Entstehungsgeschichte der Kolonie Königsbrunn im Kopf des Rentbeamten Geiger von Schwabmünchen den Gedanken entstehen sah, „ob die bis dahin unfruchtbare Ebene, die nur zu Weidezwecken benutzt wurde, nicht auch, wie das Moos, kolonisiert werden könnte", wird der Amtmann von Pfarrer Glatzmayer in dem zwischen 1855 und 1858 begonnenen Urbarium der Pfarrei St. Ulrich als Spekulant bezeichnet. Huyer schildert ihn jedoch in seinem Buch „Das Lechfeld" als umsichtigen und klugen Beamten: „Geiger hatte die Bayerischen Kolonisierungsbemühungen genau studiert und wohl überlegt, wie er auf dem öden Brachland der östlichen Lechebene, welches nur in trockenen Sommern den Bobinger Bauern als Not-Weideland diente, ein eigenes Kolonisationswerk schaffen konnte. Dazu verhalf ihm der in dieser Zeit neu belebte Straßenverkehr über das Lechfeld". Nach seinen Angaben soll sich Geiger auch bereits im Jahre 1823 um die Ansiedlung einer größeren Gruppe landsuchender Bauern aus seiner Heimat „in die arg heimgesuchte Gemeinde Langerringen" verdient gemacht haben.
Wer war nun jener Rentamtmann Georg Geiger?
In der Rheinpfalz als Kind „von dürften Eltern geboren" (StAN Reg. Nr. 5837), war er nach seiner Regierungsassessorenzeit in Regensburg

Rentbeamter in Landsberg. 1821 wurde er an das Rentamt Schwabmünchen berufen.
In der Nummer 149 des Augsburger Tagblattes von 1837 war zu lesen: „Ein Rentamtmann aus dem Rentamte der Hochstraße besuchte öfters die Schranne dahier und treibt eine auf ihn nicht anpassende Weise Getreidehandel. Er patronetiert wie ein Musterreiter mit seinem Muster in das nächste Weinhaus und von da wieder auf die Schranne, bietet Getreide feil und treibt Schacher damit. Da diese Handlungsweise sich mit der Würde seines Amtes nicht verträgt, so wird der Antrag an denselben gestellt, in der Folge das Rentamtsgetreide auf eine geeignetere Weise zum Verkaufe zu bringen". Geiger selbst fühlte sich von dem Zeitungsartikel offensichtlich nicht betroffen. Er spielte das Spiel mit und erklärte daraufhin über die Zeitung, daß dem Rentbeamten die Pflicht auferlegt sei, „den möglichst nützlichen Verkauf zu betätigen, dieser mag wo immer entweder in oder außer der Schranne, in öffentlichen Versteigerungen, oder unter der Hand erzielt werden. Diesem Ungenannten muß daher der Rath erteilt werden, seine schiefen und vorlauten Urteile über ihn unbekannte Geschäfte in seinem Inneren zu verschließen, statt der Öffentlichkeit preiszugeben, oder, wenn öffentlich, unter Angabe seines Namens und ehrlich zu handeln, wie es der Unterzeichnete (Geiger, Anm. d. Verf.) tut".
Dem Präsidium der königlichen Regierung des Oberdonaukreises antwortet Geiger auf Anfrage, daß die Unterlagen jederzeit eingesehen werden könnten und man gegen die von ihm erzielten Preise ohne Rüge gut aufgenommen habe. Er bat um Anweisung, wie er sich verhalten solle.
Nachdem Geiger im Jahre 1837 bereits wegen Güterhandels in seinem Amtsbezirk aufgefallen war, wurde ihm am 9. Januar 1838 „der eigentümliche oder pachtweise Besitz von 6 Tagwerkgründen zum Hausbedarf" bewilligt.
Im Zuge der Vorbereitungen des Grunderwerbs für den königlichen Eisenbahnbau im Rentamtsbezirk Schwabmünchen und „bei dem Projekt, im Lechfelde Parzellen für den Staat zu erwerben und sie durch Bepflanzung mit Holz allmählich für den Feldbau kulturfähig

zu machen", werden weitere Geschäfte des Rentbeamten aufgedeckt. Die Regierung hält „aber das Vorliegende schon mehr als genügend", um die Versetzung auszusprechen, „zumal unter den gegenwärtig bevorstehenden ausgedehnten Grunderwerbungen für den Eisenbahnbau", und da sich Geiger „bei Langerringen und Königsbrunn mehrere verlässige Unterhändler herangebildet" habe. Weil Geigers Vermögen 62.000 Gulden allein an Hypothekenkapitalien im Landgerichtsbezirk Schwabmünchen betrage, welches er sich als Rentbeamter, der dazu noch seine Söhne studieren ließ, nicht erwerben konnte, so könne als Beweggrund für sein Handeln nur Eigennutz vorausgesetzt werden. Das Finanzministerium forderte weitere Aufklärungen, insbesondere ob es zutreffend sei, daß Geiger allen Einfluß aufbiete, um bei den Grunderwerbungen für den Eisenbahnbau die Preise so hoch als möglich zu schrauben. Zu allen Fragen und Vorwürfen nimmt Landrichter Braun abschließend Stellung:
An Realitäten besitze der königliche Rentbeamte nur 6 Tagwerk 38 dm, Realitäten auf den Namen seiner Frau oder für seine Kinder seien nicht bekannt. „Daß sich der königliche Rentbeamte Geiger bei dem Ankaufe der Grundstücke zum Zwecke der Gründung der Kolonie beteiligt habe, ist nicht zu bezweifeln. Die Königsbrunner äußern sich selbst häufig, daß sie sagen, der königliche Rentbeamte hat uns zu unserem Unglück verleitet". Desweiteren habe er auch 30 Tagwerk Lechfeldgrund in der Bobinger Flur an Schreiner Wiedemann vermittelt, „durch welchen dann vier neue Häuschen gebaut wurden und mit kleinen Grundstücken u.a. an Carl Leber verkauft wurden und somit der erste Grund gelegt wurde". Mehrere Kolonisten hatten bei ihm hypothekarisch gesicherte Schulden.
Obwohl bereits im November 1845 die Versetzung Geigers beschlossen war, entschied er sich erst Mitte des Jahre 1846, nachdem die Grunderwerbskommission wegen seines Einflusses auf die Grunderwerbungen auf die Eisenbahn immer wieder gedrängt hatte. Sein neuer Wirkungskreis wurde das Rentamt Laufen.
Von der Bevölkerung selbst wurde Geiger offensichtlich auch anders beurteilt. Am 16. Dezember 1845 nämlich sandte der königliche Kommissär der Stadt Augsburg einen Artikel des „Hausfreund – Ein

Augsburger Morgenblatt" an das Regierungspräsidium, den er geschrieben hatte. Darin heißt es: „Nicht ohne Befremden und mit Leidwesen haben die meisten Bewohner unseres Amtsbezirks die Versetzung des königlichen Finanzbeamten Herrn G. Geiger in Erfahrung gebracht, indem dieser Beamte fast ein Vierteljahrhundert mit einem solchen Eifer seien ihm von allerhöchst seiner Majestät dem König anvertrautes Amt verwaltete, daß er sich die Achtung und Liebe der meisten Amtsuntergebenen zu erwerben und zu befestigen wußte...". Daß schließlich auch die Königsbrunner nicht schlecht über Geiger sprachen, weiß Kaplan Josef Wagner zu berichten: ... „Vielmehr sprechen dieselben, soviel ich vernehmen konnte, mit Achtung und Dankbarkeit von diesem Beamten". Georg Geiger taucht auch im Jahre 1853 wieder in Königsbrunn als Wohltäter auf. In Urbar der Pfarrei St. Ulrich ist vermerkt: „600 Gulden Stiftung des Rentbeamten Geiger in Bruck zum Ankauf von Widumsgründen mit dem Opus eines Jahrtags für die Pfarrpfründe vermacht".

Der Existenzkampf

Die Bobinger waren – wie bereits erwähnt – über die Neuankömmlinge nicht erfreut. Sie befürchteten eine zunehmende Belastung ihrer Armenkasse. Da sich nicht die Begütertsten in Königsbrunn niederließen, war dieses Argument nicht von der Hand zu weisen. Zur Gründung einer Existenz war aber der Heimatschein und die Heiratserlaubnis erforderlich. Wurden diese nicht erteilt, war die Gemeinde für die soziale Sicherung nicht verantwortlich. Der Neuankömmling hätte im Verarmungsfalle zur Kasse seiner Ursprungsgemeinde zurückkehren müssen.

Aus aus diesem Grunde hat sich die Gemeinde Bobingen um die Geschehnisse auf dem Lechfeld wenig gekümmert, auch nicht um die Bauwerke und Unterkunftsmöglichkeiten. Die zeitnächste Schilderung der Zustände und Ereignisse stammt aus dem Jahre 1851 von Kaplan Josef Wagner. Er berichtet: „Die Ansiedlungen geschahen ohne bestimmten Plan: Die Ankömmlinge kauften je nach Vermögen auf dem weitausgedehnten Lechfelde zwischen Haunstetten und Oberottmarshausen einzelne Parzellen, wie sich die Gelegenheit darbot oder der Zufall es fügte und erbauten sich – jeder auf seinem erworbenen Besitzanteile – Wohnungen.

Der Streicherhof im „Zipfel"

Da die ursprünglichen Besitzer der Lechfeldödungen die Gelegenheit, durch die Neuankömmlinge ihre unfruchtbaren Besitzungen loszuwerden in der Mehrzahl wenigstens anfänglich mit Freuden begrüßten und zu diesem Zweck dieselben unter einem Durchschnittspreis von 5 – 10 Gulden für das bayerische Tagwerk anließen, so mehrten sich in kurzer Zeit die Ansiedlungen außerordentlich. In einem einzigen Jahre, nämlich anno 1842, wurden gegen 70 Wohnungen erbaut. Es war von eigentümlichem Interesse, wie das Lechfeld, namentlich im Jahre 1842 und dem nächstfolgenden beinahe täglich anderes Aussehen darbot, und man glaubte sich in ein militärisches Feldlager versetzt, wenn man die zerstreut liegenden provisorischen Wohnhütten der einzelnen Familien besah, die in der Regel aus leichter Bretterbedachung und einer ebenso leichten Bretterwandung gegen die Wetterseite bestanden.

In dem inneren Raum der Wohnhütten fand man größtenteils nur einen Kochherd aus wenigen Backsteinen zusammengefügt und etwa noch eine Bettstätte, außerdem auch hier und da altes Gerümpel von Hauseinrichtungen. Menschen und Vieh wohnten und schliefen in dem engen Raume zusammengepreßt nebeneinander.
So armselig die Verhältnisse der neuen Ansiedler anfänglich waren, so fühlten sich dieselben gleichwohl in ihrer Weise glücklich, weil sie mit einem unbedeutenden Kaufschilling einen verhältnismäßig bedeutenden Güterkomplex erwerben und infolge hiervon, einen eigenen Herd begründen konnten, was ihnen der Mehrzahl nach in der eigenen Heimat nie gelungen wäre..."
Der erste Kaplan ist auch mit seinen Überlieferungen der beste Zeitzeuge für die Lebensverhältnisse in der Gründerzeit: „Ich habe mich 2 1/2 Jahre in der Kolonie aufgehalten (1847 bis 1849, Anm. d. Verf.). Da mir schon vermöge meiner Stellung als Seelsorger an dem Emporkommen der neuen Siedlung sehr gelegen sein mußte, diese aber durch die Ertragsfähigkeit des Bodens vorzugsweise bedingt ist, so lag es in meinem Interesse, das Lechfeld, insbesondere soweit dasselbe zur Gemeindemarkung Königsbrunn zählt, genau zu untersuchen, um mich zu überzeugen, ob die Kultur desselben den Fleiß der Kolonisten auch lohne und hinreichend Bürgschaft für die Ernährung einer Familie gewähre... das Klima könnte ein sehr gemäßigtes genannt werden, wenn nicht die häufigen Winde, die auf der weitausgedehnten Ebene nirgends auf ein Hindernis stoßen, heftig dahinbrausten. Diese Winde schaden den Feldern und Wiesen weit mehr als seine langwierige trockene Witterung, obwohl auch diese von den Kolonisten gefürchtet wird. Ich habe die Erfahrung gemacht, daß der schönste Graswuchs nach wenigen Tagen wie verschwunden war, sobald ein anhaltender kräftiger Wind über denselben hinzog...
Die Winde wirken in Königsbrunn noch in anderer Beziehung sehr nachhaltig. Da die Ackerkrone mit seltenen Ausnahmen von leichter Qualität ist, trocknen die Winde dieselbe sehr aus und nehmen eine nicht unbedeutende Quantität im Fluge mit fort, besonders wenn der Boden nicht bedeckt ist. Um den mehrfach äußerst nachteiligen Einwirkungen des Windes einigermaßen zu begegnen, habe ich bei den

Kolonisten dahinzuwirken versucht, daß man einen Teil seiner Besitzungen, namentlich jene Wiesen, die in der Nähe des Wohngebäudes sich befinden, mit lebendigem Zaunwerk umgebe..."

Er berichtet weiter, daß die ersten Ansiedler mit ihren Kulturversuchen nicht sonderlich erfolgreich waren, da sie lediglich den Boden mit dem Pfluge oder der Krumhacke umbrachen und dann auf den Neubruch Hafer (Haber) säten. Die Ernten fielen natürlich schlecht aus. Dies änderte sich erst, als sich in größerer Zahl Kolonisten aus dem Donaumoos auf dem Lechfeld ansiedelten, da diese wertvolle Erfahrungen in der Urbarmachung von Ödland mitbrachten. Da Düngemittel anfangs ganz fehlten, wurde der Rasen abgeschält, die Schollen geteilt, an der Luft getrocknet und in abgehäuften Meilern verbrannt. Die so gewonnene Asche wurde als Düngung benutzt.

Es verdient hervorgehoben zu werden, daß bei der erwähnten Kultivierung nicht alle Kolonisten gleich wirtschaftlich zu Werke gingen. Einige waren nur darauf bedacht, große Aschenhäufungen zu gewinnen und haben zu diesem Zwecke die ohnehin an vielen Stellen sehr seichte, tragbare Bodenlage ganz abgezogen und verbrannt, so daß ihnen als eigentlicher Ackerboden nichts mehr übrig blieb als der reine Kies. Da, wo man auf diese Weise verfuhr, sind die Grundstücke in der Regel für alle Zukunft zugrunde gerichtet und haben dieselben auch beinahe allen Wert verloren. Leider haben nicht wenige diese Manipulationen angewandt, in der Regel aber jene, die mit den Grundstücken und den Kolonistenanwesen Handel trieben.

Da nur sehr wenige Rinder vorhanden waren, konnte nicht mit Gülle oder Mist gedüngt werden. Hier bot sich jedoch die Entsorgung der Abortgruben Augsburgs als gute Lösung an. Dabei konnte man sich noch etwas verdienen.

Über die Motive und Herkunft der Siedler wird berichtet: „Die Kolonie Königsbrunn bevölkert sich beinahe aus allen Gauen Bayerns und einzelnen deutschen Nachbarstaaten. Von den bayerischen Kreisen sind am meisten vertreten die Rheinpfalz, Schwaben und Altbayern. Unter den deutschen Nachbarländern liefern die Hessen die meisten Kolonisten. Nachdem die Ansiedlungsgelegenheiten auf dem Lechfeld in weiten Kreisen bekanntgeworden, gehörten die Kolonisten aus dem Donaumoos zu den ersten, die sich zur neuen Niederlassung auf dem Lechfelde angelockt fühlten. Die hervorragendsten unter diesen sind die Brüder Jakob und Matthias Wahl, protestantischer Konfession.

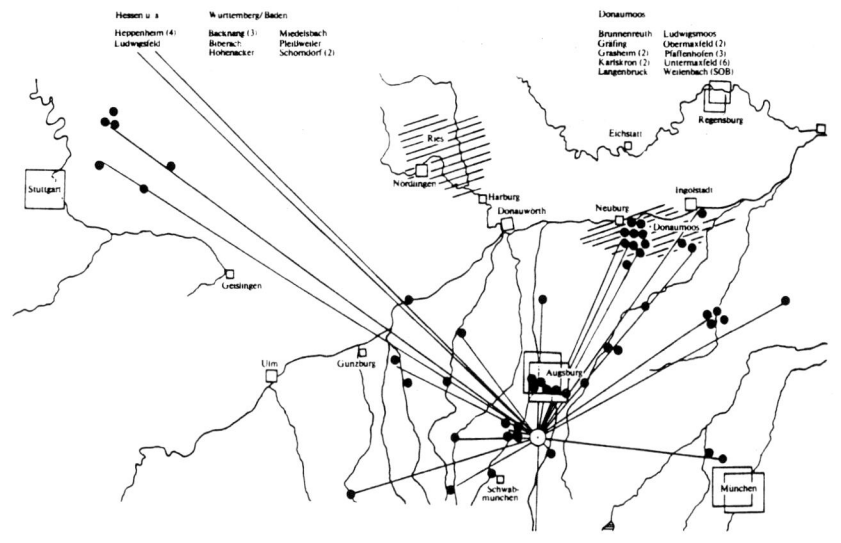

Herkunftsübersicht

Die Beweggründe, welche mehrere Kolonisten des Donaumooses zur Übersiedlung nach Königsbrunn bestimmten, waren sehr verschiedenartig. Einmal mochten sie in dem Gedanken Aufmunterung finden: „Wir können unsere jetzt besitzenden Anwesen, da sie in kultivierten Zustand versetzt sind, um annehmbare Preise absetzen, dagegen um die Erlössumme auf dem Lechfelde ein weit größeres Areal kaufen, sodann stehen uns mehrfache Erfahrungen zur Seite, die uns bei Übersiedlung auf das Lechfeld vor vielen anderen Ansiedlern vorteilhaft zustatten kommen müssen..." Der Hauptgrund der Übersiedlung ist in folgenden Gründen zu suchen: „Die Donaumoos-Kolonien wurden im Auftrag seiner Majestät des Königs gegründet und standen unter besonderer Leitung des Staates. Es ist bekannt, welche beträchtliche Summen der Staat für die Urbarmachung des

Donaumooses verwendete; von verschiedenen Schenkungen hoher Personen an die Kolonisten gar nicht zu reden. Alle diese Wohltaten hatten jene, die sich auch zur Übersiedlung auf das Lechfeld entschlossen, mitgenossen und sicher war ihnen der Gedanke nicht fern, daß jene Vergünstigungen, derer sie sich im Donaumoos erfreuten, nun auch auf die neuzugründete Kolonie Königsbrunn übertragen würden, wobei sie zum anderen Male in ein glückliches Treffen kommen könnten... Zu nicht geringer Überraschung hat man sich in seiner Berechnung beinahe vollständig getäuscht..."

Bedingt durch die ärmlichen Verhältnisse und die fehlenden Heiratserlaubnisse herrschten für den ersten Seelsorger keine guten Verhältnisse. Er mußte vor allem den vielen Konkubinaten zu Leibe rücken und er hatte festgestellt, daß „mit Übernahme der Präsidentenstelle bei der königlichen Regierung von Schwaben und Neuburg durch Herrn von Fischer das bisher herrschende System der Kolonie rücksichtslos in der Weise geändert wurde, daß man die Ansässigmachung und Verehelichung dort selbst behinderte oder doch sehr beschränkte..."

Die Ansässigmachungsgesetze wurden sehr eng ausgelegt. Um eine Heiratserlaubnis zu erhalten, war ein guter Leumund und ein gesicherter Lebensunterhalt Voraussetzung. Die Regierung folgte den Angaben von Sachverständigen der Nachbarorte, die dazu 40–50 Morgen Land für das karge Lechfeld für notwendig erachteten. Da diese zwei Bedingungen die wenigsten erfüllen konnten, lebten sie in „wilder Ehe" und hatten auch Kinder. Nach der Erhebung zur selbständigen Gemeinde waren die neuen Bedingungen nun mind. 10 Tagwerk Grundstücksvermögen oder den Gegenwert für 10 Tagwerk, d.h. eine Barschaft von 400 bis 500 Gulden.

So kamen größtenteils auch junge Menschen, die wegen ihres geringen Vermögens in ihrer bisherigen Heimat nie eine Ansässigkeitsbewilligung bekommen hätten.

Der Grundbesitz der bereits Angesiedelten wird bei den meisten auf nur 1 bis 6 Tagwerk beziffert. Eine größere Zahl besaß 6 bis 15 und verhältnismäßig wenige verfügten über 15 bis 30 Tagwerk. Drei Kolonisten werden erwähnt, die über 30 Morgen Grundbesitz hatten.

Mit dem Viehbestand war es auch nicht rosig bestellt. Viele Kolonisten hatten überhaupt kein Großvieh oder nur eine Kuh, die sie im Herbst oder Winter wegen Futtermangels verkauften, um wenigstens das Notwendigste bezahlen zu können. Die Mehrzahl der Ansiedler besaß jedoch zwei Stück Rindvieh, aber auch hier mußten einige diese im Winter wegen Futtermangels verkaufen.

Zu diesen Umständen kam noch die Tatsache, daß kein Brennmaterial da war. Die Lechfeldäcker und Wiesen waren im kultivierten Bereich waldlos, die Gemeinde selbst ohne Waldbesitz, ja sogar ohne Grundbesitz. Die nächsten Waldungen gehörten der Gemeinde Haunstetten oder dem Staat. Da kein Geld für einen Holzkauf vorhanden war, blieb nichts anderes übrig, als in den Staatswald zu gehen und den Bedarf (ohne Erlaubnis) zu holen. Viele Ansiedler wurden Opfer von Wucherern und Halsabschneidern. „Oft wurde das Kapital plötzlich aufgekündigt. Der Kolonist, der nirgends in der Welt ein anderes Kapital aufzutreiben wußte, wendete alles auf, um den Kapitalherren zu beschwichtigen. Aber es half so lange nichts, bis er sich etwa 50 Gulden weiter ins Hypothekenbuch als empfangen eintragen ließ, die er aber nicht empfangen hatte. Auf diese und ähnliche Weise ist man mit jenen verfahren, die mit geringem Vermögen nach Königsbrunn übergesiedelt, erst die Art und Weise suchen mußten, wie eine Ödung zum Ertrag gebracht werden könne. Unter Verwünschung und Tränen hat mir mancher Familienvater, manche Mutter, die oft nichts zu essen hatten als das Stück Brot, das die Kinder vom Betteln nach Hause brachten, diese unmenschlichen Quälereien erzählt."

Das Ringen um eine selbständige Gemeinde

Bis Ende 1839 siedelten in 18 Häusern 27 Familien um die Königsbrunnen. Mitte des Jahres 1842 hat Jakob Hauser, der mit Regierungsentschließung vom 19. Mai 1841 die protestantischen Schüler im Hause des Kolonisten Jakob Wahl ohne Bezahlung unterrichten durfte, 94 Familien in 76 Häusern aufgelistet. Bereits am 27. Juni 1840 war durch das Landgericht in einem Schreiben festgestellt worden, daß die Schülerzahl zu groß sei, um die Kinder noch in den umliegenden Gemeinden unterzubringen. Eine amtliche Liste vom 20. Oktober 1842 ergibt folgende Meldedaten: 95 Familien, 403 Einwohner, davon 184 Erwachsene und 219 Kinder.

Angesichts dieser Entwicklung war es nicht verwunderlich, daß die Kolonisten sich Ende des Jahres 1839 einig waren, um eine eigene Gemeinde, um eine Heimat zu kämpfen.

> praes. $\frac{1}{7}$' 43.
> Seine Majestät der König haben auf die alleruntertänigste Eingabe des Mathias Wahl zu Königsbrunn vom 25. September d. Js. allergnädigst zu befehlen geruht, daß dem Bittsteller wegen seiner Bemühungen bei der Begründung und Erweiterung der Colonie Königsbrunn Allerhöchst Ihr Wohlgefallen eröffnet werde.

Am Neujahrstag 1840 wandten sie sich mit einer „unterthänigst gehorsamsten Vorstellung und Bitte der sämtlichen Teilnehmer an der neuen Ansiedlung auf dem Lechfelde, Königsbrunn, genannt", an die königliche Regierung, Kammer des Innern, „gnädigste Erhebung der besagten Ansiedlung zu einer eigenen Gemeinde betreffend." Diese „Bitte" leitete die Regierung mit Schreiben vom 5. Februar 1840 an das Landgericht um „dieses Gesuch unter Berücksichtigung der Bestimmungen des Gemeindeedikts zweckmäßig zu instruieren und das Resultat binnen vier Wochen hierher vorzulegen". Bereits zum 17.02. d. gleichen Jahres lädt das Landgericht die Kolonisten nach Schwabmünchen. Bei diesem Termin werden die Anwesenden „wegen der Nachteile der bey Bildung einer unvermöglichen Gemeinden stattfinden, aufmerksam gemacht, um so mehr da sie z. Zt. kein Gemeindevermögen besitzen". Sie hatten außerdem folgende Erklärung zu unterzeichnen: „ Ich sehe wohl ein, welche Lasten zu übernehmen sind, jedoch habe ich mich, in dem ich Grundstücke in dieser Lage gekauft, Kinder habe und eines das andere auf diesem Grundstück zu versorgen gedenke, mich entschlossen, beizutreten jedoch in der Art, daß ich nur Gemeindeglied in der Art, als es mein Besitzthum von 28 Tagwerk betrifft, als Mitgemeinde beitrete".

Der letzte Teil dieser Erklärung dürfte auf Benedikt Stadler zugeschnitten sein, da dieser mehrere Ländereien auch in den Gebieten der Gemeinde Unterbergen hatte. Er unterzeichnete als erster, gefolgt von Josef Stadler, Friedrich Welz, Michael Geiger, Josef Lutter, Philipp Bork, Jacob Fischer, Vitus Enzler, Karl Leber, Anton Wittmann, Anton Neumaier, Johannes Adolph, Michael Vogel, Josef Schorer, Mattias Wahl, Jakob Wahl und Michael Hertrich. Alle stimmten für die Bildung einer eigenen Gemeinde und auch die weiter zu regelnden Probleme sollten sie nicht abhalten: Die Schaffung einer eigenen Gemeindeflur, wobei sie davon ausgingen, daß die in Frage kommenden Lechfeldgründe von den Bobingern zum Verkauf freigegeben werden müßten, um diese zusammenhängend zu schaffen. Die Schulfrage sollte in weiteren Anträgen gelöst und das Armenwesen selbst besorgt werden. Alle erklärten sich bereit, für das Nötige durch Umlagen untereinander aufzukommen und sich gegenseitig zu helfen.

Am nächsten Tage wird das katholische Pfarramt, zugleich Distriktschulinspektion, und die Gemeinde Bobingen zur Stellungnahme aufgefordert. Für die Gemeinde Bobingen merkt der Landrichter an, daß wegen der zerstreuten Lage für eine neue Gemeinde kein zusammenhängender Gemeindebezirk hergestellt werden kann, sich „auch wegen Umlagen, jetzt, oder in der Zukunft, Fragen und Streitigkeiten ergeben könnten."

Das Pfarramt und die Schulinspektion Bobingen waren mit Schreiben vom 20.02.1840 an das königliche Landgericht mit einer Zuteilung der Schüler nach Ottmarshausen (Oberottmarshausen) und Haunstetten einverstanden und willigten in eine Entlassung ein. „Nicht nur zur Winterszeit sei diese Ansiedlung zu entlegen, es bestünden auch keine Straßen und ordentlichen Fahrwege, weshalb die Ansiedler zu keinem Gottesdienst und Schulbesuch kämen".

Am 23. Februar 1840 erklärte die Gemeindeverwaltung Bobingen, "daß es der Wunsch der Gemeinde Bobingen selbst sey, daß Königs-

brunn einmal zu einer eigenen Gemeinde werde." Sie verwahrten sich aber gleichzeitig gegen die Art und Weise der Weidebenutzung und des Wegebaues. Bobingen wolle von den Ansiedlern das Sein und Bleiben, könne aber keine Lasten (insbes. Armenlasten) übernehmen. Auf die Steuern wolle man verzichten.
Als Resultat schrieb das Landgericht am 4. März 1840 an die Regierung: „Ihre zerstreut liegenden Güter und Vermögensverhältnisse dürfen die Lage wohl derart stellen, daß zur Zeit von Bildung einer eigenen Gemeinde nicht die Rede sein kann", die Kolonisten hätten sich selbst geäußert, daß sie zur Zeit für Kirche und Schule nicht sorgen könnten. Wegen der großen Entfernung nach Bobingen werde eine Zuteilung nach Oberottmarshausen und Haunstetten vorgeschlagen. Die Regierung schrieb darauf hin am 8. April 1840 dem Landrichter: "Das Gesuch der Ansiedler der Kolonie Königsbrunn auf dem Lechfelde um Erhebung dieser Kolonie zur einer aigenen Gemeinde kann zur Zeit aus dem Grunde bey der höchsten Stelle nicht begutachtet werden, weil es derselben an einem Haupterfordernisse in der Gemeinde-Bildung, nämlich an einem eigenen geschlossenen Bezirke gebricht".
Hiervon setzte das Landgericht die Kolonisten in Kenntnis und forderte sie auf, sich über den künftigen Pfarr- und Schulverband zu erklären. Statt einer Erklärung schickte diese am 28. April 1840 eine eigenhändige Bittschrift: „Die untertänigste Bitte ist, den vereinigten Kolonisten Königsbrunns ein eigenes Heimatrecht zu verleihen". Diese Bitte war von 30 Kolonisten unterschrieben.
Am 5. Mai 1840 erschienen Matthias Wahl, Philipp Borg und Johann Schlecht beim Landgericht und erklärten das Einverständnis mit der Einweisung der Kinder nach Oberottmarshausen, waren aber mit dem Haunstetter Verband für die Protestanten nicht einverstanden. Sie wollten ihre Kinder lieber nach Augsburg zu Verwandten zur Erziehung schicken. Das Pfarramt Oberottmarshausen mußte jedoch erklären, „daß die angesiedelten katholischen Ansiedler in dem hiesigen Pfarrverband nicht aufgenommen werden können", da sie in Kirche und Gottesacker keinen Platz und auch keine Mittel zur Erweiterung mehr hätten. Im übrigen seien nur drei oder vier südlich von der

Einöde Neuhaus „zunächst der Einöde Lechau sich befindliche Ansiedlungen" der hiesigen Pfarrei näher gelegen. Alle übrigen lägen näher an den Pfarren von Haunstetten und Bobingen. Für diese vier nahegelegenen sei man jedoch nicht abgeneigt, „Charitative zu pastorieren". Für die Kinder dieser unmittelbar benachbarten Höfe boten sie auch den Schulbesuch an. Demgegenüber war das königlich protestantische Dekanat Augsburg mit einem Eintritt in den Pfarrverband einverstanden. Man erwartete die Vertreter der Gemeinde am nächsten Himmelfahrtstage nach dem Gottesdienste im Dekanatshause zu einer Aussprache.

Am 8. Juni 1840 faßte der Gemeinderat Haunstetten „wegen den Königsbrunnern oder Lumpenbachern betreffend" den Beschluß, dem königlichen Landgericht mitzuteilen, daß die Schule bereits voll sei. Dies erklärte auch das Pfarramt Haunstetten, denn durch die Einverleibung der weit ausgedehnten Gemeinde Meringer Au in Oberbayern habe sich die Seelenzahl so vermehrt, daß die Kirche zu klein geworden sei.

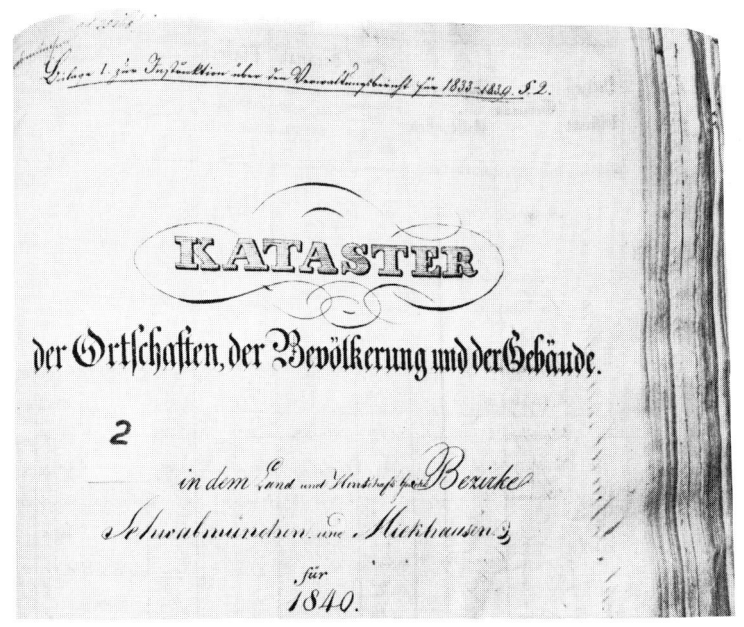

Am 26. Juni 1840 fertigten die Kolonisten ein neues Schreiben und legten diesem ein Namensverzeichnis bei, da zwischenzeitlich sechs neue Familien hinzugekommen und sechs neue Häuser errichtet worden waren. Auch der Grundstücksbesitz hatte um 75 Tagwerk zugenommen. 33 Familien auf 24 Anwesen bewirtschafteten nun 781 Tagwerk.

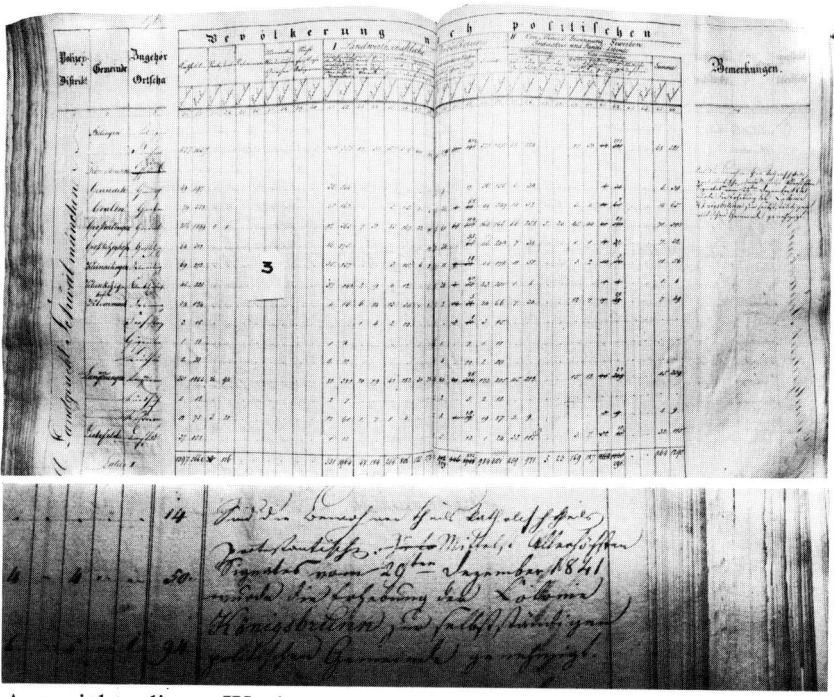

Angesichts dieses Wachstums mußte das Landgericht mit Schreiben vom 27. Juni 1840 an die Kolonisten feststellen, daß die Schülerzahl zu groß sei, um die Kinder noch in umliegende Gemeinden unterzubringen. Dies nahm Matthias Wahl zum Anlaß, um bei Landrichter Braun eine eigene Schule zu beantragen. Als Lehrer hatte er den 17jährigen Sohn der Söldnerswitwe Anna Maria Hauser, Jacob Hauser, vorgeschlagen. Dieser hatte eine gute Vorbildung, aber keine Prüfung für das Lehramt. Je größer die Zahl der Ansiedlungen wurde, um so härter und unfreundlicher wurde das Verhalten der umliegenden Gemeinden, auch der Gemeinde Bobingen. So wurde am 28.07.1840 das Gastwirts-Konzessionsgesuch des Matthias Wahl von der Gemeinde Bobingen mit der Begründung abgelehnt, daß in Bobingen bereits genügend Gaststätten vorhanden seien. In dieser Situation scheinen sich die Kolonisten wieder an den Rentamtmann Geiger gewandt zu haben. Bei den Akten befindet sich der Entwurf eines Schreibens an die königliche Regierung von Schwaben und Neuburg mit den handschriftlichen Zügen jenes Kolonisten, der auch die vorangegangenen persönlich verfaßten Schreiben fertigte. Dieses Schreiben wurde durch die Feder Geigers korrigiert. Er fügte einen Absatz hinzu und vermerkte unten das Datum: Königsbrunn, am 17. Nov. 1840.

Die Kolonisten weisen in diesem Schreiben darauf hin, daß die Häuserzahl inzwischen auf 38, der Besitz auf 878 Tagwerk 66 dm gestiegen sei. Als weitere Gründe für die Notwendigkeit der Gemeindeerhebung führen sie u.a. die Entfernungen zu den anderen Gemeinden an und schließlich, daß ledige Ansiedler mangels einer gemeindlichen Aufnahme sich nicht ehelichen können, wodurch zugleich Veranlassung zur Unsittlichkeit gegeben wird. Dieses Schreiben ist jedoch ohne Aktenzeichen oder Eingangsvermerke.

Danach geschieht längere Zeit nichts, lediglich das Bezirkskomitee des landwirtschaftlichen Vereins für Schwaben und Neuburg erkundigt sich zwischendurch nach dem Fortschritt der Kolonie Königsbrunn. Ihm wurde vom Landgericht mitgeteilt, daß die Häuserzahl gegenwärtig 40 beträgt und die von den Hausbesitzern kultivierten Gründe bei 60 Tagwerk betragen und in verschiedenen Parzellen und in 1/2, 1, 2, 3, 4, 5, bis längstens 8 Tagwerk vorhanden sind. Fruchtbehandlungen bestünden in Winter- und Sommer-Roggen. Man wechsle mit Haber und Erdäpfel ab und erziele nur eine geringe Ernte.

Im Februar 1841 schließen sich die Gemeinden Schwabmünchen, Wehringen, Großaitingen, Mittelstetten, Langerringen, Gennach, Schwabmühlhausen, Kleinkitzighofen, Großkitzighofen, Untermeitingen, Graben, Kleinaitingen und Oberottmarshausen zusammen, um eine „Beschwerdevorstellung" an den König zu richten. Der Advokat Dr. Fischer wurde dazu bevollmächtigt.

Nachdem die Regierung zwischenzeitlich Jakob Hauser für den Unterricht der protestantischen Schüler zugelassen hatte, weigerten sich die Siedler, vor einer endgültigen Zuerkennung des Heimatsrechts irgendwelche Verpflichtungen – etwa für die Bezahlung JaKob Hausers als Lehrer – einzugehen. Eine Kommission sollte am 16. Juni 1841 den Siedlern die Auffassung der Regierung erläutern. Bei diesem Termin wurde beschlossen, gleichzeitig zwei Schulhäuser, konfessionell getrennt, zu erbauen. Dazu treten Carl Leber für ein katholisches und Jacob Wahl für ein protestantisches Schulhaus Grundstücke ab. Um schneller handeln zu können, wurden Ausschüsse gebildet. Für die katholische Seite werden Michael Vogel, Christoph Gepard und Benedikt Stadler, für die Protestanten Matthias Wahl, Jacob Wahl und Friedrich Feeß aufgestellt. Diese Erklärungen wurden von allen anwesenden Bürgern unterzeichnet, die fehlenden sogar für den 26.6. nach Schwabmünchen geladen, um dort nachträglich zu unterschreiben. Am 5. September 1841 führte die Gemeinde Bobingen eine Kontrolle der Heimatscheine durch. Von bereits angesiedelten 59 Kolonisten hatten 46 Häuser, davon waren mehr als die Hälfte, nämlich 33, ohne Legitimation und nur 26 hatten entsprechende Heimatscheine. Die Gemeindeverwaltung drohte, daß keine Grundstücksprotokollierungen mehr vorgenommen werden könnten.

Deshalb erschienen am 17. November 1841 Matthias Wahl, Friedrich Feeß und Jacob Wahl bei der Regierung von Schwaben und Neuburg und gaben zu Protokoll, daß bei ihrem Ankauf und Hausbau weder von Seiten des königlichen Landgerichts noch der Gemeinde Bobingen irgend ein Hindernis in den Weg gelegt worden sei. In neuer Zeit aber werde nun die Heimatfrage sämtlicher Kolonisten Königsbrunns in Zweifel gezogen, was zu vielfältigen Irrungen hinsichtlich ihres Vermögensstandes, namentlich aber in Beziehung auf Hypothekenverhältnisse Veranlassung gebe, da das gesamte königliche Landgericht sich fortwährend weigere, sie als Heimatberechtigte im Landgerichtsbezirk und in Bobingen anzuerkennen. Vergebens hätten sie an ihre vorgesetzte Behörde das Ansuchen gestellt, entweder die Kolonie, welche 55 Familien zähle, zur eigenen Gemeinde zu erheben, oder der Gemeinde Bobingen zu inkorporieren. Das könig-

Einige Worte über die Colonie auf dem Lechfelde, k. Langerichts Schwabmünchen.

Daß gute Dinge lange Weile brauchen, hat sich unter Anderm auch bei der Entstehung und Entwickelung dieser Colonie so ziemlich erwiesen, obwohl noch keineswegs zu behaupten ist, daß die betreffende Ansiedlung eine solche Basis habe, daß ihre nicht wenigen und unter Andern nicht unbedeutenden Feinde sie nicht mehr zu stürzen vermögen. Einsender dieses hält Letztes zwar kaum mehr für wahrscheinlich, da doch scheinbar ebenbürtige und noch wichtigere Hände, als die der Feinde, an der Erhaltung und Fortpflanzung besagter Colonie arbeiten. Möchte es diesen Letzten aber doch recht bald gelingen, den Colonisten das zu verschaffen und geben zu können, was ihnen jetzt vor Allem zu einer festen Begründung ihrer gegenwärtigen Anfäßigmachung noth thut; nämlich möchte eine höchst weise Regierung, die bisher bei allen dort stattfindenden Schwierigkeiten hilfreich die Hand reichte, den derzeitigen Kolonisten das Recht zur Bildung einer eigenen Gemeinde verleihen; denn dadurch wird bestimmt erst ein wahres, richtiges, geregeltes, frischbelebtes Leben in die Cultur des verödeten Lechfeldes gelangen. Der bisher von den bösartigsten Menschen verbreitete Ruf über die Bewohner der besagten Colonie wird verschwinden, da überdieß in der Folge jeder neue Colonist nur dann seine Aufnahme finden wird, wenn er den Gemeinde-Rechten entspricht. Auch wird Sittlichkeit und eine gute Polizei mit mehr Erfolg und leichterer Mühe gehandhabt werden können, als es bisher der Fall ist. Auf die Colonisten selbst wird aber die Existenz einer eigenen Gemeinde den wohlthätigsten Einfluß haben, indem ihre Gründe und ihre Häuser mehr Werth und ihr Sein und Wirken einen sicherern Grund erhalten. V.

---

liche Landgericht verweigere ihnen jede amtliche Hilfe. Mehrere ledige Individuen lebten deshalb in ehelosem Stande in ihren Wohnungen seit langer Zeit beisammen, da „die Verehelichung ihnen fortwährend inhibiert" wurde, obgleich sie Anwesen besitzen. Auch die Landgemeinde Bobingen weigerte sich nunmehr, sie als Gemeindemitglieder anzuerkennen.

„Bei diesen Verhältnissen wagen sie die Bitte an Eure königliche Regierung, das königliche Landgericht Schwabmünchen zu beauftragen, ihr Gesuch um Entscheidung ihrer Einnahmsfragen wahrheitsgemäß zu instruieren, um ihnen überhaupt die gebührende Amtshilfe in jeder Beziehung angedeihen zu lassen".

Diese Bitte sollte ihre Wirkung nicht verfehlen. Mit Schreiben vom 13. Januar 1842 teilte die Regierung im Namen seiner Majestät des Königs von Bayern dem Landgerichte mit: „Infolge höchster Entschließung vom 4. Januar d. J. haben seine Majestät der König der Bitte der Kolonie Königsbrunn, um Erhebung zu einer eigenen Gemeinde allergnädigst unter der Bedingung zu bewilligen geruht, daß die Gemarkung derselben in eine genau abgegrenzte abgemessene Feststellung in gesetzlicher Weise erhalten".

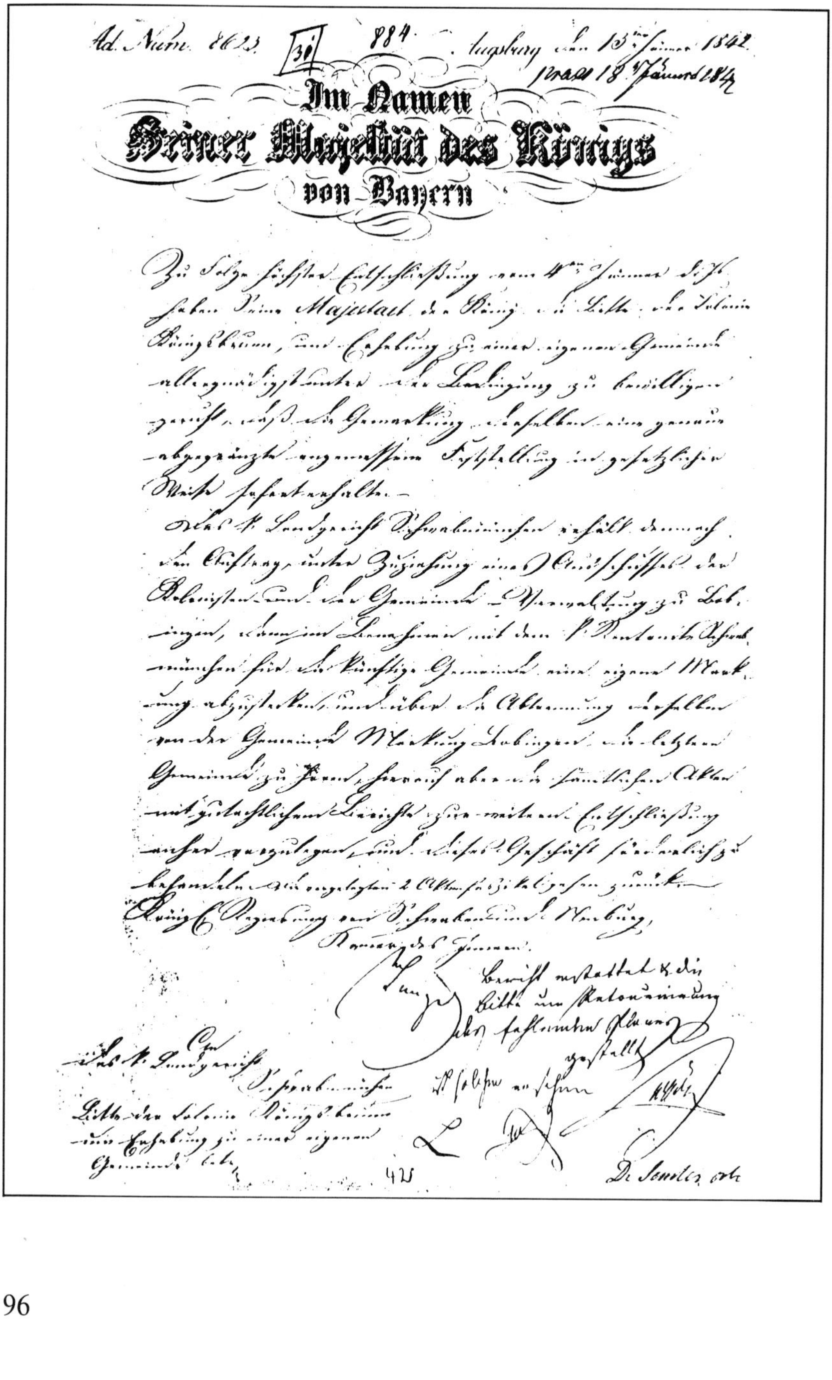

Ad Num. 8623. [30] 884. Augsburg den 13. Jänner 1842.
praes. 18. Jänner 1842

Im Namen
Seiner Majestät des Königs
von Bayern

Zu Folge höchster Entschließung vom 4ten Jänner d. J. haben Seine Majestaet der König die Bitte der Colonie Königsbrunn, um Erhebung zu einer eigenen Gemeinde allergnädigst unter der Bedingung zu bewilligen geruht, daß die Gemarkung derselben vorher genau abgegränzt und angemessen Feststellung in gesetzlicher Weise hergestellt erhalte.

Das k. Landgericht Schwabmünchen erhält demnach den Auftrag, unter Zuziehung eines Ausschusses der Colonisten und der Gemeinde-Verwaltung zu Bobingen, dann im Benehmen mit dem k. Rentamte Schwabmünchen für die künftige Gemeinde eine eigene Markung abzustecken und über die Abtrennung derselben von der Gemeinde Markung Bobingen die letztere Gemeinde zu hören, hierauf aber die sämtlichen Akten mit gutachtlichem Berichte zur weiteren Entschließung anher vorzulegen und dieses Geschäft sehr beschleunigt zu behandeln. Die vorgelegten 2 Akten folgen hiebei zurück.

Königliche Regierung von Schwaben und Neuburg,
Kammer des Innern.

An das k. Landgericht Schwabmünchen.
Bitte der Colonie Königsbrunn um Erhebung zu einer eigenen Gemeinde betr.

Das königliche Landgericht Schwabmünchen erhält demnach den Auftrag, „unter Zuziehung eines Ausschusses der Kolonisten und der Gemeindeverwaltung zu Bobingen, dann im Benehmen mit dem königlichen Rentamt Schwabmünchen für die künftige Gemeinde eine eigene Markung abzustecken und über die Abtrennung derselben von der Gemeinde-Markung Bobingen die letztere Gemeinde zu hören, hierauf aber die sämtlichen Akten und gutachtlichen Berichte zur weiteren Entschließung nachher vorzulegen, und dieses Geschäft förderlich zu behandeln".

Dienstes-Nachrichten.

praes. $\frac{23}{5}$ 42.

Seine Majestät der König haben gemäß höchsten Ministerialrescripts vom 4. Jänner l. Js. die Bitte der Kolonie Königsbrunn auf dem Lechfelde, Landgerichts Schwabmünchen, um Erhebung zu einer eigenen Gemeinde allergnädigst zu bewilligen geruht, was nachträglich bekannt gemacht wird.

Vom Kolonistendorf zur Stadt

Die Ära Wohlfarth
Vom jüngsten zum längstgedienten Bürgermeister Bayerns

Im Alter von 25 Jahren erhielt Friedrich Wohlfarth 1948 das Vertrauen der Königsbrunner und er machte mit seinem Elan in 36 Dienstjahren Königsbrunn zu dem, was es heute ist: Eine dynamische Stadt. Altbürgermeister Fritz Wohlfarth ist so jung geblieben, daß eine „Geschichtsschreibung" über seine Zeit völlig verfrüht wäre. Deshalb werde ich mich auf die Rolle des Interviewers beschränken und den „Fritz" selbst als ersten Zeugen seiner Zeit erzählen lassen.

Herr Altbürgermeister, Sie waren über 36 Jahre lang der „Prior" von Königsbrunn. Wenn Sie jetzt als Ruheständler zurückblicken, woran erinnern Sie sich im Besonderen?

„Meine Amtszeit begann noch kurz nach der Währungsreform im Jahre 1948, und ich fand damals einen Ort ohne jegliche Infrastruktur vor. Die überwiegende Bevölkerung ernährte sich aus der Landwirtschaft. Was nicht in der Landwirtschaft Beschäftigung fand, mußte nach auswärts, insbesondere in die Betriebe nach Haunstetten gehen, um den Lebensunterhalt zu verdienen. Die Landwirte selber hatten leider relativ kleine Höfe von etwa 20 bis 40 Tagwerk, größere Betriebe waren die Seltenheit. Der Beginn der 50er Jahre brachte auch zwei hintereinander folgende Dürrejahre, so daß sich in der Bevölkerung immer mehr eine Resignation über die Beschäftigung und über den Erlös aus der Landwirtschaft herauskristallisierte. Damals wurde der Gedanke geboren, es wäre vernünftig, da Königsbrunn selbst zwar einen sehr guten Untergrund besaß, aber die landwirtschaftlichen Erträge sich in sehr mäßigen Grenzen halten mußten, den Ort zu bebauen. Das hatte den Vorteil, daß die Landwirte ihre Grundstücke zu einem etwas besseren Preis verkaufen und sich damit entweder ihre eigene Existenz vergrößern konnten, indem sie Zukäufe tätigten, oder

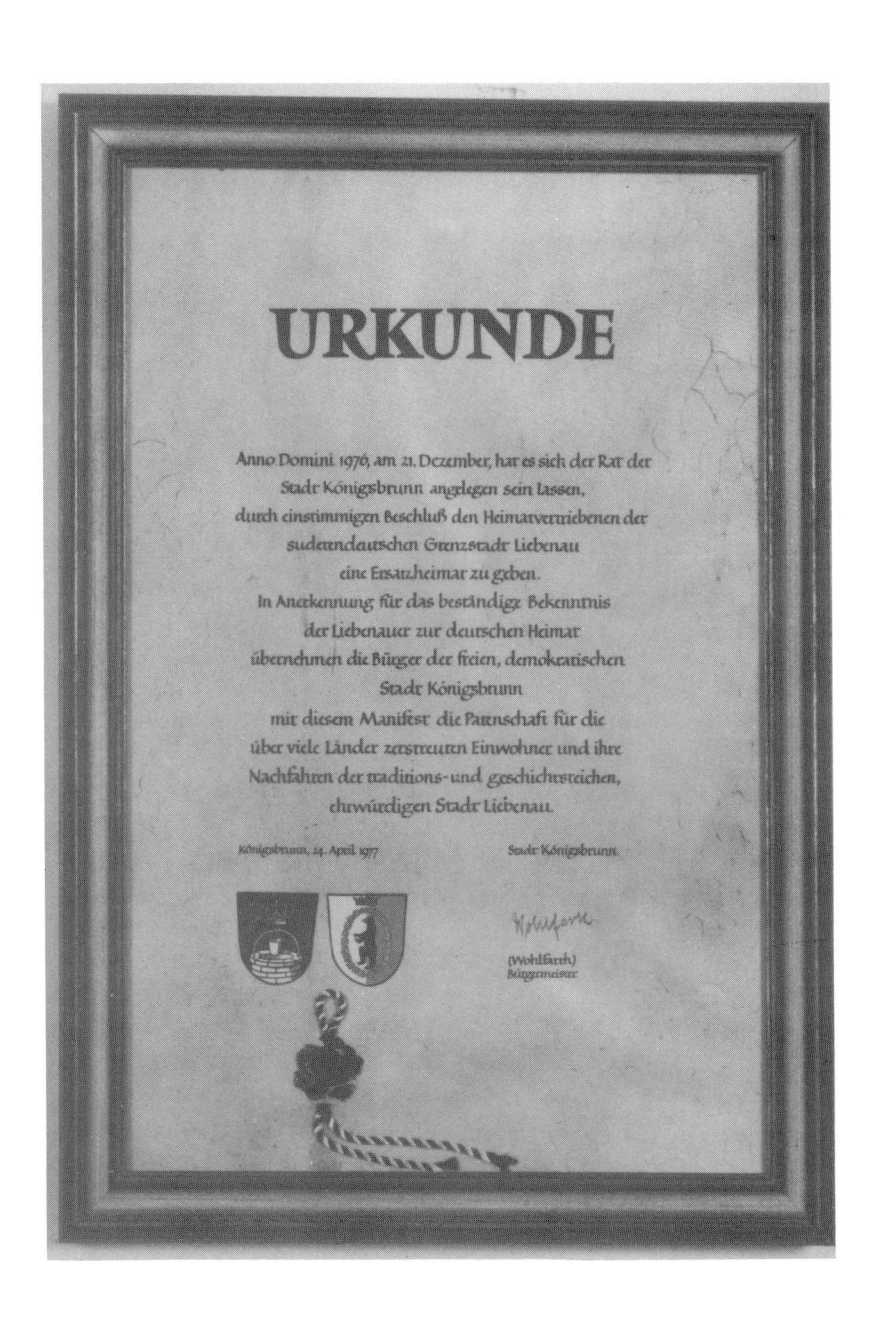

URKUNDE

Anno Domini 1976, am 21. Dezember, hat es sich der Rat der
Stadt Königsbrunn angelegen sein lassen,
durch einstimmigen Beschluß den Heimatvertriebenen der
sudetendeutschen Grenzstadt Liebenau
eine Ersatzheimat zu geben.
In Anerkennung für das beständige Bekenntnis
der Liebenauer zur deutschen Heimat
übernehmen die Bürger der freien, demokratischen
Stadt Königsbrunn
mit diesem Manifest die Patenschaft für die
über viele Länder zerstreuten Einwohner und ihre
Nachfahren der traditions- und geschichtsreichen,
ehrwürdigen Stadt Liebenau.

Königsbrunn, 24. April 1977   Stadt Königsbrunn

(Wohlfarth)
Bürgermeister

aber, daß sie das Geld aus dem Erlös benützten, um sich eine andere Existenz aufzubauen. Dies war zwar leichter gesagt als getan, denn wie schon erwähnt, es waren keinerlei echte kommunale Voraussetzungen, weder Wasserleitung, noch irgend ein Bebauungsplan vorhanden. Als zweites kam hinzu, daß sich in dieser Zeit, meistens durch Einweisung, auch die Heimatvertriebenen in Königsbrunn zwangsläufig niedergelassen haben. Sie fanden natürlich in Königsbrunn keinerlei geeignete Unterkünfte, weil in diesen kleinen Bauernhäusern kaum Raum für die eigene Familie zur Verfügung stand. Dennoch wurden sie, wie überall, auf das ganze Land verteilt und waren eben da. Die sich aus dieser Raumnot ergebenden Schwierigkeiten nahmen an sich kein Ende. Es war klar, daß eigentlich nur Neubauten helfen konnten, denn ansonsten blieb keine andere Wahl, als einen Wohnungsnotstand aufzulösen und einen anderen damit durch Neueinweisung zu begründen.

Man begann also in Königsbrunn mit dem Wohnungsbau, mit den ersten 60 Wohnungen an der Adalbert-Stifter-Straße und im darauffolgenden Jahr mit 60 Wohnungen an der Uhlandstraße. Daraus ergab sich, daß zwangsläufig eine Wasserleitung errichtet werden mußte, weil die Wohnungen ja mit Wasser zu versorgen waren, und daß vor allen Dingen ein planloses Bauen in der Zukunft keinen Sinn habe. Also begann man in Königsbrunn einen Bebauungsplan zu erstellen mit einem entsprechenden Marktplatz und allen dazugehörigen kommunalen Einrichtungen wie Rathaus, dgl. Dinge mehr, Bauhof, Gärtnerei usw.. Die Heimatvertriebenen zogen im Laufe der Jahre aus gewisser Sympathie immer mehr nach Königsbrunn, weil die Gemeindeverwaltung damals in der Lage war, auch Grundstücke mit anzubieten. Die Kommune betrieb keinen Grundstückshandel, aber sie war als Vermittler tätig zwischen Landwirten, die verkaufen und denen, die Grundstücke zum Bauen erwerben wollten. Das waren insbesondere die Heimatvertriebenen, die aus dem umliegenden südlichen Teil des Landkreises Schwabmünchen immer mehr an jene Orte hinzogen, wo in der Nähe schon bereits gewerbliche Betriebe waren und sie auch Unterkunft finden konnten. Dazu kam, daß sie, aus ihrer Heimat mitgebracht, verschiedene berufliche Kenntnisse hatten, die dazu führten, daß sie in Königsbrunn wieder ein selbständiges Gewerbe betreiben konnten. Durch Mundpropaganda wurde in der ganzen Gegend bekannt, daß man in Königsbrunn am ehesten ein Grundstück zu einem halbwegs vernünftigen Preis kaufen konnte. Als ein weiterer Faktor kam im Jahre 1954 die Tatsache dazu, daß im Lechfeld wieder Bundeswehr einzog, worauf ich mich daher alsbald bemühte, nach Königsbrunn entsprechende Wohnungseinheiten zu bekommen, die damals den neu erschaffenen Marktplatz gestalteten. Es blieb nicht bei diesen allein, sondern es kamen dann noch wesentlich einige Hundert Wohnungen dazu, die das Ganze immer mehr in Bewegung brachten. Aus der gegebenen Situation wuchs natürlich auch die Tatsache, daß neben Wasserleitung und Straßenbau auch die Frage der Schulen, insbesondere als erstes die der Grundschule oder

Die Heidestraße vom Rohbau der König-Otto-Schule im Jahre 1953 aufgenommen

der Hauptschule zur Diskussion standen. Königsbrunn war von Anfang an eine sehr arme Gemeinde, die sich eigentlich solch große Ausgaben nicht recht leisten konnte. Bei allen finanziellen Verhandlungen erkannte ich relativ schnell, daß es notwendig war, von der kommunalen Seite aus Anträge zu stellen.

Wir befanden uns also nicht mehr in der Zeit des Dritten Reiches oder vor dem Dritten Reich, wo Kommunen eigentlich nur auf Anordnung etwas unternehmen durften und ansonsten nur eine Verwaltungsfunktion besaßen. Es ging vielmehr darum, kommunale Initiative zu zeigen, denn es stand ohne Zweifel fest, wenn der Kultusminister entschieden hatte, daß eine Schule errichtet werden mußte, weil die notwendige Schülerzahl vorhanden war, daß dann auch die entsprechenden Mittel aufgebracht wurden. Wir leben in einem förderativen Staatssystem, das dem einzelnen Bürger auferlegt, sich um sich selbst zu kümmern. Aber dann, wenn er unverschuldet in Not geraten ist, möge die Gemeinschaft dafür eintreten, daß er wieder auf eigene Beine komme, um sich selber wieder voranbringen zu können. Dies galt nicht nur für den einzelnen Staatsbürger, sondern das auch für die Kommunen, die in einem gewissen Finanzausgleich – untereinander in horizontalen und im vertikalen Finanzausgleich mit dem Staat – verbunden waren. Sobald also der Kultusminister entschieden hatte, daß eine Schule gebaut werden mußte, war es für den Bürgermeister von Königsbrunn kein allzu großes Problem mehr, die Finanzierung auf die Beine zu stellen, weil der Staat sich selbst ja verpflichtet hatte, denjenigen zu helfen Aufgaben zu erfüllen, die sie selber nicht erfüllen konnten. Die Tatsache, daß es sich um eine arme Gemeinde handelte, zeigte sich im Prinzip eigentlich als sehr hilfreich, denn relativ schnell konnte aus einem Straßendorf eine wirtschaftlich blühende Kommune geschaffen werden, die alsbald immer mehr Wirtschaftskraft erzeugte. Diese Politik half so 20 Jahre lang Königsbrunn, aus dem mehr oder weniger Nichts aufzubauen. Dadurch wurde auch in der Umgebung Königsbrunn als junge, aufstrebende Gemeinde bekannt. Dies war gerade auch für viele junge Familien, die einen neuen Wohnsitz suchten, ein Anreiz, ihr Domizil aufzuschlagen. Weil neben der Grund- und Hauptschule auch Realschule, Gym-

Das Eichenplatzgebiet

nasium, Sonderschule für Lernbehinderte, Geistigbehinderte und Körperbehinderte zur Verfügung standen, siedelten aber auch sehr viele gerade junge Familien nach Königsbrunn. Diese Entwicklung mußte auch über die Tatsache hinaus fortgeführt werden, daß irgendwann einmal der Nachholbedarf der Infrastruktur vorhanden war, und die Kommune überlegen mußte, wie eine weitere Entwicklung vorangetrieben werden sollte. Es war klar, daß eine Gemeinde, insbesondere eine in der Zwischenzeit Stadt gewordene Kommune, auch die Aufgaben einer Stadt zu übernehmen hatte, nämlich nicht nur jene Dinge zu betreiben, die als Pflichtaufgaben der Kommunen angesehen werden, sondern es galt nun, den Blick über die Grenzen hinaus zu werfen und dafür Sorge zu tragen, daß auch überörtliche, bedeutende Maßnahmen nach Königsbrunn kommen mußten.

Eine davon war auch die Königstherme, die zwar nicht ungeteilte Zustimmung des Stadtrates fand, jedoch ist in der Zwischenzeit längst erkannt worden, daß es eine der wenigen Einrichtungen ist, die über die Grenzen von Königsbrunn bekannt wurden. Vor allen Dingen war

Minister Schedel zu Besuch in Königsbrunn am 26.4.1968

ein großer Teil der Königsbrunner über diese Maßnahme erfreut. Sie bringt keinerlei Steuererhöhungen mit sich, weil es ein wirtschaftlicher Betrieb ist, und dieser wird eben auch nach wirtschaftlichen Überlegungen geführt und nicht nach kommunalpolitischen, um nicht zu sagen nach parteipolitischen Überlegungen. Alsbald mußte ja auch die Tatsache erkannt werden, daß in Königsbrunn ein Zentrum nötig ist. Daher war es dringend notwendig für die Stadt, eine Gesamtplanung zu erstellen, die sich auf eine Einwohnerzahl von ca. 50.000 erstrecken sollte. Also mußte ein Entwicklungsplan entworfen werden, der diese ganzen Maßnahmen, die in Zukunft getroffen werden sollten, in einem Gesamtplan unterbringt, d.h. es müßten die Kanalrohre so groß gebaut werden, daß für 50.000 Einwohnergleichwerte Kanal gesichert sind. Es mußte die Wasserversorgung so dimensioniert werden, daß später auch noch im Westen bis hinauf zum Neuhaus und Industriegebiet die entsprechenden breiten Rohre eingebaut werden konnten. Es mußte ein Verkehrssystem erarbeitet werden, das in Zukunft die einzelnen Ortsteile miteinander in einer vernünftigen Symbiose verband. Einen besonderen Stellenwert nahm damals dann auch der Wettbewerb für das Zentrum in Königsbrunn ein. Neben den entsprechenden Läden und gewerblichen Betrieben waren auch die Therme und ein Ballonmuseum vorgesehen. Im Laufe meiner letzten Amtsperiode wurde auch noch der Deutsche Feuerwehrverband gewonnen, ein Deutsches Feuerwehrmuseum in Königsbrunn errichten zu wollen. Diese Maßnahmen konnte ich leider in der Zukunft nicht mehr begleiten, weil ich in der Zwischenzeit mein Amt als Bürgermeister abgegeben habe. Ein Bürgermeister muß auch die Geschichte kennen. Besonders die Geschichte seiner eigenen Gemeinde, denn jedes Dorf hat seine eigene Vergangenheit, und die Politik wird anders sein, weil sie überall von anderen Voraussetzungen ausgehen muß. Dazu gehört auch, daß man erkennt, wenn ein Ort nahe einer Großstadt liegt, besteht immer die Gefahr, irgendwann einmal eingemeindet zu werden. Ich wußte genau, daß dies um Augsburg – wie um andere Großstädte auch – schon wiederholt der Fall gewesen ist. Ich wußte aber auch, dies ist nur dann der Fall, wenn die umliegenden Ortschaften einer Großstadt sich nicht mehr selbst auf ihre kommunalen Aufgaben besinnen, sondern nur noch von dem partizipieren, was die Kernstadt ihnen zu bieten in der Lage ist. Dies ist insbesondere bei unserer Nachbarstadt Haunstetten zu sehen gewesen, die sich um keinerlei weiterführende Schulen und sonstige kommunalen Einrichtungen bemüht hat, sondern sich darauf verließ, daß sie eben ihre Kinder in die Schulen nach Augsburg schicken konnte, daß die Augsburger die Straßenbahn nach Haunstetten gebaut haben, daß sie von Augsburg ihr Wasser beziehen und daß sie ihren Kanal nach Augsburg einleiten konnten. Als dann Anfang der 70er Jahre die Diskussion um die Gebietsreform begann, konnte ich ohne weiteres den Innenminister darauf hinweisen, daß Königsbrunn seine Selbständigkeit berechtigterweise behalten wolle und solle, da es immer in der Lage war, seine eigenen Probleme zu lösen. Es konnte sich von einem Straßendorf zu einer Stadt entwickeln, und da er selbst Pate dieser Stadtwerdung gewesen ist, wußte er dieses aus seiner eigenen Erkenntnis. Im übrigen kam aber auch die Tatsache hinzu, daß der Bürgermeister von Königsbrunn nicht nur der Bürgermeister seiner eigenen Gemeinde war, sondern auch der stellvertretende Landrat des Landkreises Schwabmünchen, der Fraktionsvorsitzende der größten Fraktion im Schwabmünchner Kreistag. Er war der Vorsitzende des Kreisverbandes und des Bezirksverbandes des Bayerischen Gemeindetages. Er war Mitglied des Schwäbischen Bezirkstages und Mitglied des Landesvorstandes des Bayerischen Gemeindetages. Das verlieh ihm natürlich auch eine besondere Schau der gesamten kommunalpolitischen Palette. Er war ohne weiteres dadurch in die Lage versetzt, weil er bei der Gesetzgebung kommunaler Gesetze in Bayern jeweils den Entwurf mit zur Beratung vorgelegt bekam, zu wissen, was auf die bayerischen Gemeinden in dem einen oder anderen Fall zukam, so daß er auch in seiner eigenen Gemeinde vorausschauend jeweils immer seinen Rat an seine Stadträte weitergeben konnte. Als

Die Verbreiterung der B 17-alt im Jahre 1969

Die Übergabe der Lechbrücke bei der Staustufe 23 am 24.11.1978

der Bürgermeister von Königsbrunn auch dann noch Mitglied der vom Bayerischen Ministerpräsidenten Alfons Goppel eingesetzten Stadt-Umland-Kommission wurde, haben die Augsburger ihre Eingemeindungsbemühungen endgültig aufgegeben. Zuvor träumten die Augsburger Kommunalpolitiker schon von verschiedenen Plänen: Es gab einen Pepperplan, es gab einen Kotterplan und einen Breuerplan, jeweils nach dem Initiator des einzelnen Planes benannt. Der Letzte war also mit dem Finger auf der Landkarte schon nahezu bei Landsberg gewesen. Königsbrunn wurde nicht eingemeindet, sondern konnte die Selbständigkeit erhalten".

Königsbrunn mußte im Vergleich zu anderen Wachstumsgemeinden am Stadtrand von Augsburg, wie Bobingen, Göggingen, Haunstetten, um Gewerbeansiedlungen kämpfen. Wie war der Beginn der Ansiedlung größerer Wirtschaftsbetriebe?

„Das anfängliche Bemühen der Kommune, Wirtschaftsbetriebe nach Königsbrunn zu bekommen, war mit dem Handikap versehen, daß eben keinerlei Infrastruktur vorhanden war. Betriebe, die wasser- oder abwasserintinsiv waren, schieden von vorneherein aus, und die anderen hatten Bedenken, ob sie genügend Arbeitskräfte in Königsbrunn vorfinden würden. Es war eine sehr mühselige Arbeit, die sich im wesentlichen auch im Grundstücksangebot vollziehen mußte. Dazu fehlte aber normalerweise das Geld, deswegen mußten Zwischenlösungen gefunden werden. Der größte Wurf ist eigentlich anfänglich damit gelungen, daß im Norden von Königsbrunn ein landwirtschaftliches Anwesen aufgekauft werden konnte. Der Bauer Herget konnte sich aus dem Erlös von diesen 24 Tagwerken in Altusried einen Gutshof kaufen. Europa Carton war der erste größere Betrieb, der nach Königsbrunn kam. Eine weitere Verdichtung hatte der Südmarkt bewerkstelligt, so daß also das Gewerbegebiet im Norden von Königsbrunn nach anfänglichem Zögern sich doch immer schneller entwickelte. Daraus entstand für Königsbrunn eine entsprechende Wirtschaftskraft. Auch die Steuereinnahmen flossen schneller als dies beim Wohnungsbau der Fall war, da hier 10 Jahre wegen der Steuerbefreiung Vorhaltebetrieb gemacht werden mußte, wogegen bei gewerblichen Betrieben nicht nur Grundsteuer, sondern auch Gewerbesteuer floß. Herr Teichner hat vor der Beendigung meiner Dienstzeit noch eine Studie über die Entwicklung einer Kommune hinsichtlich des Steueraufkommens erarbeitet, unter der Voraussetzung, daß eine Gemeinde sich selber als initiativ bezeichnet und Initiative aufweist. Sie zeigt ganz deutlich, wie die Wirtschaftskraft in einer Kommune immer schneller wächst, wenn die notwendigen Zielvorgaben und Aktivitäten vorhanden sind".

Warum wurde die Bezeichnung „Stadt Königsbrunn" angestrebt? (Warum nicht erst Marktgemeinde?)

„Der Stadtwerdung lagen folgende Überlegungen zugrunde. Erstens einmal wurden zuerst beim Innenministerium Rückfragen gehalten, ob aus Königsbrunn, das ja eigentlich in Mitte der 60er Jahre noch nicht jene vollständige Situation einer Stadt aufweisen konnte, eine Stadt werden könnte. Vor allen Dingen, ob es notwendig ist, daß der Weg über eine Marktgemeinde geht. Ich konnte darauf hinweisen, daß wir noch nie richtig einen Markt hatten. Bei der Bezeichnung „Marktgemeinde" ist ja vorausgesetzt, daß mindestens schon längere Zeit ein Marktgeschehen mit überörtlichem Einzug in der Gemeinde stattfindet. Das war bei uns in Königsbrunn nicht der Fall. Im Osten war es der Lech, der eine Kommunikation verhinderte. Im Süden waren in Klosterlechfeld verschiedene Märkte durch die Tatsache gegründet, daß um das Kloster bei Kirchenfesten Markt war. Im Westen drüben war es die Gemeinde Bobingen, die selber schon seit längerer Zeit einen Laurentiusmarkt abhielt und die auch schon zur Marktgemeinde erhoben worden war. Die Haunstetter im Norden wollten im Grunde genommen von Königsbrunn nicht sonderlich viel wissen und hatten ihr gesamtes merkantiles und geistiges Potential, das sie zur Verfügung hatten, nach Augsburg orientiert. Es war wieder einmal Tatsache, daß Königsbrunn auf eigene Kräfte angewiesen war, und so konnte mit dem damaligen Innenminister Junker erreicht werden, daß dieser einer Antragstellung durch die Gemeinde Königsbrunn auf Erhebung zur Stadt nicht ablehnend gegenüber stand. Für die Kommune hatte sich herauskristallisiert, daß eine Gewerbeansiedlung eigentlich dadurch gehandikapt war, weil es sich eben nur um eine „Gemeinde" handelte. Jeder Brief, der geschrieben wurde, hatte den Kopf „Gemeinde Königsbrunn". Und eine Gemeinde konnte so klein oder so groß sein wie sie wollte, sie war und blieb eben eine Gemeinde. Der Unterschied lag sicherlich mit darin, daß es sich bei uns hier nicht um eine Gemeinde handelte, die Fremdenverkehrsbetriebe aufziehen oder Fremdenverkehrsort werden wollte, wie das im Allgäu oft der Fall war. Dort will eine Gemeinde lieber Gemeinde bleiben, weil der Fremde, wenn er von der Stadt kommt, viel eher in eine Gemeinde zur Erholung geht. Die Überlegungen in Königsbrunn waren genau umgekehrt. Für die Königsbrunner selbst, die im Laufe ihrer Geschichte seit 125 Jahren nicht den besten Ruf in der Umgebung hatten, war es natürlich in der damaligen Zeit das Fest einer Hochzeit: „Wir Königsbrunner werden Stadt".

Beim Festzug

URKUNDE

Der Gemeinde Königsbrunn
wird die Bezeichnung

STADT

verliehen

München, den 28. April 1967
Bayer. Staatsministerium des Innern

gez. Dr. Bruno Merk
Staatsminister

Alt und jung feierte mit

Beim Prominentenfußballspiel

Beim Festzug

Die Einweihung des neuen Rathauses

Empfang im Rathaus zur Stadterhebung

Innenminister Bruno Merk beim Eintrag ins Goldene Buch der Stadt bei ihm v.l.n.r. Bgm. F. Wohlfarth, Landrat Dr. F.X. Frey, Bezirkspräsident Josef Fischer

Das hat auch die Begeisterung, die dann einsetzte, bewiesen. Als der Gemeinderat beschlossen hat, den Antrag beim Innenministerium auf Stadterhebung zu stellen, begann sich innerhalb der Bevölkerung eine Stimmung einzustellen, die mit einem Hochzeitsflug der Bienen zu vergleichen wäre. Königsbrunn hat aber auch tatsächlich nach der Stadterhebung eine wesentlich schnellere Entwicklung genommen, als das vorher der Fall war. Und das Versprechen des Bürgermeisters, dafür zu sorgen, daß Königsbrunn alsbald endgültig alle Einrichtungen einer Stadt habe, sind auch im wahrsten Sinne des Wortes gehalten worden. Innenminister, Dr. Bruno Merk, der damals zur Stadterhebung gekommen war, hat sich sicherlich nicht nur deswegen dafür ausgesprochen und gesagt, es sei aufgrund der bisherigen Entwicklung zu erwarten, daß auch Königsbrunn alsbald endgültig eine Stadt werde. Gestützt war dies durch die Tatsache, daß Königsbrunn bereit eine Zentrumsplanung vor hatte. Und ich bin sicher, daß auch dann, wenn gesetzgeberische Schwierigkeiten zu erwarten sind, dieser Stadtkern sich bald weiterentwickeln wird".

Das „Zentrum" vor dem Rathaus-Neubau

In der Gebietsreform ist Königsbrunn selbständig geblieben, während Haunstetten zu Augsburg kam. Hätte sich nicht eine Einheitsgemeinde „Stadt Königsstetten" angeboten?

„Zur Zeit, als Königsbrunn eine Zentrumsplanung machen wollte, habe ich den Versuch unternommen, mit unseren Kollegen in Haunstetten ein Gespräch zu führen, ob es nicht möglich wäre, Königsbrunn und Haunstetten zu einer Gemeinde zusammenzulegen. Es wäre sicherlich eine hervorragende Situation gewesen, vor den Toren Augsburgs die Wirtschaftskraft (von Haunstetten 24.000 Einwohner und Königsbrunn 16.000 Einwohner) einer Kommune von etwa 40.000 Einwohnern zu schaffen. Haunstetten selbst hatte auch all die Jahre vor und nach dem Krieg darauf verzichtet, ein eigenes Zentrum zu bilden. Es ist im Grunde genommen ein Siedlungsbrei, der keine richtige

Die Gegend um den Gutenbergplatz wird bebaut

Stadtplanung besitzt. Es wäre dann noch möglich gewesen, zwischen Haunstetten und Königsbrunn ein derartiges Zentrum auf dem Reißbrett zu entwerfen und letzten Endes auch zu realisieren. Aber alle meine Vorschläge über einen neuen Ort Königsstetten (o.ä.) fanden dort kein offenes Ohr. Ob es daran lag, daß der damalige Bürgermeister sich nicht sicher war, daß er dann wieder als Bürgermeister gewählt würde, oder ob es die allgemeine Angst der Haunstetter war, mit den armen Königsbrunnern verwandt werden zu müssen, entzieht sich meiner Kenntnis. Auf jeden Fall wäre es nach meinem Dafürhalten der richtige Weg gewesen. Dann allerdings, als wir unsere Zentrumsplanung selber weiterbetrieben haben, war es vorbei, und zur Zeit der Gebietsreform war es schon nicht mehr opportun, sich mit Haunstetten zusammenzutun. Wenngleich alle wollten, daß ein Landkreis Süd entsteht und Haunstetten und Göggingen als eigene Städte in den Landkreis Süd kommen sollten, so war es doch sehr gefährlich, sich mit Haunstetten zu diesem Zeitpunkt nochmals zusammenzusetzen. Es bestand die Gefahr, daß dann nicht nur Haunstetten den Weg der Eingemeindung nach Augsburg geht, sondern Königsbrunn zwangsläufig mitläuft. In der Kommunalpolitik genauso wie im menschlichen Leben, gibt es genutzte und verpaßte Gelegenheiten. Aber auch die Versäumnisse, die gemacht werden, sind im Grunde genommen nicht mehr reparabel und meistens nicht mehr einholbar".

Welche Rollen spielte die jeweilige sogenannte „Opposition" im Stadtrat?

„In den ersten Jahren nach dem Kriege war im Gemeinderat festzustellen, daß die gemeinsame Armut auch eine gewisse Einigung in den Wünschen und Anträgen herbeiführte. Mit Beginn der 60er Jahre waren es auch sicherlich die gemeinsamen Erfolge, die erzielt werden konnten, die eine Einheitlichkeit der Auffassung brachten. Zwar wurden von der SPD oder Wählervereinigung gelegentlich doch da und dort Bedenken geäußert und auch die Alternativen aufgezeigt, aber

Der Gemeinde-/Stadtrat von 1966 bei der Eidesleistung

nach eingehender Diskussion konnte ohne weiteres noch eine gemeinsame Linie bzw. gemeinsame Kommunalpolitik gefunden werden. Es war für einen Bürgermeister immer eine gute Sache, daß er sagen konnte, er vertrete die gesamte Einheit des Stadtrates (als wenn er nur sagen müßte: mit einer Stimme Mehrheit). Die Stadtratsfraktionen untereinander lebten, von einem gegenseitigen Vertrauen getragen, in einem sehr kameradschaftlichen kollegialen Verhältnis. So war dies sicherlich auch in früheren Zeiten auf der bundes- und schwäbischen Tribüne gewesen, auch im Landkreis. Im Laufe der Zeit wurden jedoch die Auseinandersetzungen, vom Bund herunterkommend, immer mehr von der Parteipolemik her geprägt und es ging nicht mehr so sehr um das Wohl der Heimat, sondern nur noch um den vermeintlichen Vorteil für die kommenden Wahlen der jeweiligen Parteien. Die unsachlichen Auseinandersetzungen begannen eigentlich mit der Legislaturperiode 1978-1984. Persönlichen Auseinandersetzungen, Vorwürfe und vor allem der Neid unter der Bevölkerung geschürt. Es begann die allgemeine Angstmacherei mit der Pro-Kopf-Verschuldung".

Sitzung des Kreistages anläßlich der Stadterhebung in der Aula der Realschule

Wenn Sie von heute über die langen Jahre Ihrer Dienstzeit zurückblicken, so hat es gewisse Tendenzen gegeben. Wie sehen Sie heute die Entwicklung der Kommunalpolitik allgemein, der Bürger und das Verhältnis der Bürger zu den Kommunalpolitikern?

„Vom Tage 0, nämlich dem Tage der Währungsreform am 20. Juni 1948 an, hat eigentlich erst eine echte kommunalpolitische Überlegung beginnen können. Volk und Staat waren noch von den Schwierigkeiten und von den Grausamkeiten des Krieges beeinflußt. Man war sich im Grunde genommen einig, Aufbauleistung betreiben zu müssen, so daß in den ersten Jahren in der Kommunalpolitik mehr oder weniger die eigene Initiative in den Vordergrund trat. Ich wählte diesen Weg. Die Kommunalpolitik im ganzen Land war ohne echte Gesetze oder Leitgedanken, so auch in Königsbrunn. Auch hat sich in jener Zeit und viele Jahre danach die Presse nicht sonderlich darum gekümmert, die Differenziertheit in einem Gemeinderat oder Stadtrat besonders herauszustreichen. Die Presse war noch sehr wohlwollend mit denjenigen, die von der kommunalpolitischen Seite her eine

Initiative zeigten. Die Bevölkerung selbst hat damals noch jenes Vertrauen gehabt, das ich leider Gottes heute da und dort irgendwie vermisse, obgleich ich nicht behaupten kann, daß die Politiker meines Erachtens ganz unschuldig daran sind (zumal sie ja doch sehr oft von den Realitäten weggehen und zu parteipolitischen Tendenzen hinüberwechseln). In der heutigen Zeit meine ich manchmal erkennen zu können, daß es sehr viele Politiker gibt und wenige Staatsmänner. Politiker bemühen sich soweit das Auge reicht nur immer darum, in der nächsten Legislaturperiode wieder gewählt zu werden. Sie denken also nur von einer Legislaturperiode zur anderen. Staatsmänner sind dagegen Menschen, die in der Lage sind, über Generationen hinweg zu denken, und das ist es, was die Politik im Prinzip ausmacht. Die Kommunalpolitik in Königsbrunn verlief die ersten 30 Jahre linear in einem positiven Verhältnis zwischen den Einwohnern und den von ihnen gewählten Gremien und auch zur Verwaltung. Ich glaube, dies

Spatenstich zur Sportanlage an der Karwendelstraße

Hebauf Gymnasium am 30.4.1968

kommt am besten dadurch zum Ausdruck, daß es während meiner gesamten Legislaturperiode eigentlich immer möglich war, ein Wahlergebnis zu erreichen, das zwischen 73 und 83% der Wählerstimmen lag. Falls ich keinen Gegenkandidaten hatte, mußte ich meine Bevölkerung bitten, beim Wählen sehr vorsichtig umzugehen, damit ich nicht mehr als 100% der Stimmen bekam, weil sonst die Wahl ungültig gewesen wäre. Man kann sicherlich daraus entnehmen, daß zwischen den Einwohnern und dem amtierenden Gemeinde- oder Stadtrat ein sehr vertrauensvolles Verhältnis vorhanden war. Wenn ich im Nachhinein versuche, das Ganze zu überlegen, dann glaube ich zu der Auffassung kommen zu können, daß es auch deswegen so der Fall war, weil die ganze Politik und die ganze Verwaltung eigentlich weniger darauf eingestellt war, bestehende Gesetze bis zum letzten i-Pünktchen nicht nur zu erfüllen und für den Bürger eng auszulegen, sondern viel mehr die positiven Seiten aus der vorgegebenen Gesetzgebung zu nutzen. Was aber noch viel wichtiger ist, da der Gemeinde-

oder Stadtrat selber gesetzgebende Funktion hat, daß eben nur solche Gesetze gemacht werden, die auch von der Bevölkerung verstanden werden konnten. Es ist natürlich damals auch wie heute öfters vorgekommen, daß im Gemeinde- oder Stadtrat Anträge gestellt wurden, die zwar im Augenblick eine scheinbare Verbesserung oder Erleuchtung bringen könnten, die jedoch auf die Dauer gesehen, eigentlich als untragbar angesehen werden mußten. Ich habe mich aber ein Leben lang davor gehütet, Gesetze machen zu wollen, die nicht vollzogen werden können. In unserer heutigen Zeit werden permanent nicht nur in der kommunalen Seite, sondern insbesondere auf Bundes- und auf Landesebene Gesetze gemacht, über deren Überwachung sich kein Mensch jeweils versucht, Gedanken zu machen. Daher kommt es, daß heute in der Bevölkerung allgemein die Auffassung herrscht, man bräuchte sich überhaupt nicht mehr sonderlich darum zu kümmern, was verboten ist, es genügt sich zu merken, was erlaubt ist. Bei vernünftigen Gesetzen, deren Vollzug auch überlegt ist, braucht man nicht noch zusätzlich Dutzende von Verordnungen, Richtlinien und Anweisungen. Der Bürger draußen hat darum im Grunde genommen keine Kenntnis und meistens auch dafür kein Verständnis. Daß die Bürger allgemein heute meistens bei Wahlen weniger zur Urne gehen, beruht doch auf nichts anderem als auf der Tatsache, daß sie damit zum Ausdruck bringen wollen: „Eigentlich weiß ich nicht mehr so ganz genau, welcher Partei oder welcher Person ich mein Vertrauen geben soll", weil letzten Endes meistens doch an den Interessen des Bürgers vorbeiregiert wird.

Über die mir angedichteten Affären und heraufbeschworenen Diskussionen, die niemals die Kommunalpolitik betrafen, sondern nur der Versuch waren, ehrverletzend zu wirken, will ich an dieser Stelle nicht eingehen. Es sei ihnen verziehen, diese mögen mit dem, was sie hier angerichtet haben, selbst leben und fertig werden. Auf jeden Fall haben sie erreicht, daß in mir sofort der Gedanke aufkam, daß es unmöglich sei, in der Zukunft eine vernünftige Kommunalpolitik zu betreiben, wenn nur Parteipolemik und persönliche Verunglimpfung betrieben wird".

Welches waren die entscheidenden Erlebnisse in der Bürgermeisterzeit?

1. Wie die Bereitschaftspolizei nach Königsbrunn kam.

„Für die Entwicklung von Königsbrunn war sicherlich nicht nur die Initiative der Stadt alleine notwenig, sondern es bedurfte auch der notwendigen Freunde und derer, die uns wohl gesonnen waren. Ein entscheidendes Erlebnis war für mich die Tatsache, als der Regierungspräsident von Schwaben, es war Dr. Michael Fellner, mich anrief, er würde dringend ein Gespräch mit mir brauchen und ob ich nicht zu

Appell bei der Bereitschaftspolizei

ihm kommen könnte, worauf ich ihm antwortete, es wäre sicherlich möglich, ich könnte in einer Stunde bei ihm sein. Die Vorfrage war jedoch, ob es sich um eine gute Sache handle oder ob er mir irgend welche Schwierigkeiten vorzutragen hätte. Er meinte, dieses mal sei es eine positive Sache, und als ich zu ihm kam, konfrontierte er mich mit einer Frage und einer Tatsache, die folgendermaßen hieß: „Seit 10 Jahren bemühe ich mich als Regierungspräsident von Schwaben, in Augsburg ein Baugebiet für den Bayerischen Staat zur Errichtung einer 5. Abteilung der Bereitschaftspolizei zu bekommen. Die Augsburger bringen das nicht her. Ich brauche ca. 27 Tagwerk. Sind Sie in der Lage und bereit, diese Grundstücke alsbald zur Verfügung stellen zu können?". Worauf ich ihm geantwortet habe, daß das eine sehr überraschende Frage sei und ich wenigstens 1/4 Stunde Zeit haben müßte, um mir über den Wert und den Unwert dieser Einrichtung klar zu werden. Ich habe ihn gebeten, er solle seine Sekretärin bitten, sie möge einen guten Cognac hereinbringen, weil ich ganz nüchtern die Frage nicht so schnell beantworten könnte. Er entsprach meiner Bitte und ließ mir 15 Minuten Zeit. Das Denken hieß, welche Vorteile hat das für Königsbrunn: Wenn eine kasernierte Einheit da ist in einem Ort, erhöht dies den Sicherheitsfaktor in einer Kommune sehr. Es ist gewiß nicht zu erwarten gewesen, daß aus den Gebäuden, die entstehen würden, Grundsteuer für Königsbrunn abfließt, weil der Staat keine Steuern an seine Kommunen bezahlt. Andererseits mußte ich erkennen, daß eine Polizeiabteilung jedes Jahr viele Millionen Umsatz in einen Ort bringen und das eigene Gewerbe sowohl beim Bauen als auch dann in der Folge mitprofitieren konnte. Zum Zweiten war zu bedenken, daß auch die Beamten, die in einer großen Zahl kommen, in Königsbrunn Wohnungen kaufen oder mieten würden. Vor allen Dingen aber würde wieder einmal der Name Königsbrunn in positivem Licht erscheinen. Nach all diesen Überlegungen habe ich dem Herrn Regierungspräsidenten gesagt, ich sei bereit, das zu übernehmen. Ich hätte aber daran zwei Bedingungen zu knüpfen, da ich aus langjähriger Erfahrung wußte, daß die Grundstücksverhandlungen relativ schnell gehen mußten; sie durften nicht über Jahre hingezogen werden, weil dann untereinander verschiedene Preisgefüge entstehen, die Neid aufkommen lassen und dann da und dort diskutiert werden würden. Dem Regierungspräsidenten sagte ich, ich würde sofort beginnen, den entsprechenden Ort zu suchen, und er möge mir entsprechende Leute zur Verfügung stellen, die dann sagen, ob dieses Gelände den Wünschen entspreche. Dann würde ich unter allen Umständen bitten, daß entweder ich selbst sofort verbriefen darf,

Innenminister Seidel bei der Einweihung der Bereitschaftspolizei im Jahr 1977

wenn man sich mit einem Grundstücksbesitzer geeinigt hat, oder aber er möge irgend einen bestimmen, der dann, wenn ich rufe und sage, er müsse um 11.00 Uhr beim Notar sein, nicht krank sein darf. Er müsse zur Verfügung stehen, weil solche Geschäfte eben schnell gehen müssen. Das könnte auch der gleiche Mann u.U. sein. Wenn ich diesen anrufe und sage, ich gehe heute Nachmittag um 6.00 Uhr oder 7.00 Uhr zu dem und dem Grundstücksbesitzer, müßte dieser sofort mit einem Koffer Bargeld kommen und während den Verhandlungen nach meinen Anweisungen das Geld vorlegen. Diese Bedingungen wählte ich, weil ich mir darüber im Klaren war, daß in der damaligen Situation das Bargeld bei den Bauern unter allen Umständen einen wesentlich besseren Eindruck machte, als wenn er nach Verbriefungen erst so und so lang warten mußte. Darauf meinte der Regierungspräsident, das könne er nun in der Zeit eines Kaffees nicht so schnell erledigen, da müsse er erst Rückfrage halten. Allerdings war nach ca. 3 Wochen die Sache geregelt, und so kam die Bereitschaftspolizei nach Königsbrunn".

2. Bonn half mit beim Grundschulneubau

„Als ich Anfang der 60er Jahre wegen des Neubaus der Grundschule Nord auf Wanderschaft war, um die notwendige Finanzierung zusammenzubringen, führte mich mein Weg auch zum Bundesverteidigungsministerium nach Bonn. Dort war ich eigentlich schon ein Bekannter und konnte mich so auf die Gepflogenheiten verlassen. Als die Nordschule gebaut werden sollte, war eine neue Regelung gefunden, daß nämlich nicht mehr der Befürworter alleine die Zuschüsse und Darlehen genehmigen und gewähren konnte, sondern er mußte beim Bundesinnenministerium den zuständigen Referenten für das kommunale Finanzwesen anhören. Als Landrat Dr. Frey und ich uns in Bonn befanden und dies erfuhren, begannen wir nachzufragen, ob der Dezernent möglicherweise schon da oder gleich da wäre, was bestätigt wurde, und wir fuhren zum Innenministerium.

Dort angekommen, wurden wir freundlich begrüßt. Wir machten den Mann mit unserem Begehren vertraut. Er hatte auch alle Unterlagen vom Haushaltsplan und dgl. Dingen mit dabei, auch die gedachte Finanzierung. Es waren 1 Mio. DM Bundeszuschuß vorgesehen. Nachdem das Geld nicht ausreichte, mußten also noch 400.000 DM eingesetzt werden, die als zinsverbilligtes Darlehen um 1% gegeben werden sollten. Nachdem sich der Haushaltsreferent mit der Sache vertraut gemacht hatte, erklärte er uns, er könne diesen Antrag leider nicht genehmigen, weil er ein Experte auf dem kommunalen Haushaltswesen sei und er sehe, daß das die Kommune unter gar keinen Umständen tragen könne. Wir meinten, daß doch die Kinder da wären und die Schule ganz notwendig und dringend gebraucht würde. Dies hat ihn von seiner Meinung nicht abgebracht. Nach einer längeren Diskussion meinte er, wir sollten ihm das glauben, daß er das Anliegen so nicht genehmigen werde. Er könne nur seinen Segen dazu erteilen, wenn die beantragten 400.000 DM Darlehen ebenfalls als Zuschuß gewährt würden. Nur das sei eine Möglichkeit, daß die Gemeinde dieses Objekt finanziell überstehe. Als wir das hörten antworteten wir, daß wir uns natürlich anschließen und ihn bitten würden, er möge uns da doch ein entsprechendes Schreiben ausstellen, weil der Sachbearbeiter beim Verteidigungsministerium darauf warte. Darauf meinte er, er sei leider Gottes allein, weil seine Sekretärin nicht da wäre, aber er würde es heute noch ins Diktat geben und morgen werde es geschrieben und komme sofort zum Bundesverteidigungsminister. Wir könnten damit rechnen, daß wir in etwa 8 Tagen die Genehmigung hätten. Worauf der Landrat Dr. Frey und ich beruhigt aus dieser Verhandlung rausgingen und in Bonn die Bayer. Gastwirtschaft aufsuchten, um uns dort die notwendigen Weißwürste und das notwendige Weißbier zu genehmigen.

3. Eine Realschule für den falschen Landkreis

„Als der Gemeinderat von Königsbrunn auf meinen Antrag hin beschlossen hat, in Königsbrunn eine Realschule bauen zu wollen, brauchte ich auch die Genehmigung des Landkreises. Der zuständige

Rivale war die Gemeinde Bobingen, obwohl Bobingen bereits eine Realschule hatte und Schwabmünchen ebenfalls. Der Bürgermeister von Bobingen erteilte seine Zustimmung im Kreistag unter der Voraussetzung, daß die Polizeistation nach Bobingen käme. Er hatte sein Rathaus neu gebaut und sein altes Rathaus leer stehen. Da ich der Auffassung war, daß in Bobingen die Polizei dringender benötigt wurde als in Königsbrunn, war ich einverstanden. Die Hürde des

Spatenstich Realschule am 9.9.1964

Kreistages wurde damit genommen, zumal ich selber der Fraktionsvorsitzende der stärksten Partei war. Es wurde daher einhellig beschlossen. Einige bezweifelten die Tatsache, ob es überhaupt gelänge, eine dritte Realschule in den Landkreis zu bekommen. Tatsächlich hatte mir in der Regierung der zuständige Referent bedeutet, daß es sehr viele Landkreise gäbe, die noch überhaupt keine solche hätten, und deswegen zuerst in anderen Landkreisen auch eine solche errichtet werden müßte. Der Regierungspräsident, Dr. Fellner, hatte allerdings, da ich ihm bei der Beschaffung von Grundstücken für die Bereitschaftspolizei behilflich sein wollte, schon die Erklärung bei der

Hand, daß Königsbrunn unter allen Umständen eine Realschule bekommen müsse, auch wenn es schon die dritte sei, da Königsbrunn eben zum Wohnsiedlungsgebiet erklärt würde. Der Referent hat daraufhin seinen ablehnenden Brief nur insoweit abgeändert, als er seine ablehnende Haltung unten, wo es hieß: „daher wird der Antrag von Königsbrunn nicht befürwortet" das Wort „nicht" gestrichen und den Antrag so zum Ministerium gesandt hat. Dort angekommen, wurden wir allerdings von den zuständigen Behörden im Kultusministerium sehr freundlich und wohlwollend behandelt. Es gelang auch, eine gemeinsame Stellungnahme zu fertigen. Jetzt sagte der Referent, es fehle nun im Grunde genommen eigentlich nichts mehr. Nur der Minister habe sich vorbehalten, solche Dinge persönlich letzten Endes zu entscheiden. Landrat Dr. Frey und ich machten uns auf, den Minister zu besuchen, und seine Vorzimmerdame erläuterte uns, daß er zwar da sei, aber gleich weg müsse. Er müsse irgendwo in einer Kunstangelegenheit eine Begrüßung halten. Wir warteten geduldig, da wir nur ein kurzes Wort mit ihm zu besprechen hätten, und als der Herr Minister Dr. Maunz in seiner vollen Größe herauskam, haben wir beide ihm angedeutet, daß wir nur ein kurzes Anliegen hätten, wobei er sagte, er hätte wirklich keine Zeit uns anzuhören, er müsse sofort in Sachen „Kunst" weg. Meine spontane Reaktion war die, daß ich ihm sagte: „Herr Minister, da sind sie bei uns genau an der richtigen Stelle, kunnst mer net helfen". Worauf der Minister ein freundliches Lächeln zog und uns anhörte. Ich sagte ihm, alles sei perfekt und erledigt, es fehle letzten Endes nur noch seine Zustimmung. Ich hätte ein großes Verständnis dafür, daß er das letzte Wort sprechen möchte. Worauf er uns bedeutete, wenn die Sache so sei, dann sei die Schule genehmigt und wir könnten dem Dezernenten seine Zustimmung mitteilen. Der Landrat Frey und ich machten daraufhin den Weg frei, der Minister schritt zu seiner Kunstveranstaltung, und wir besuchten mit der Mitteilung den Dezernenten.

Einige Monate später bekam ich die Zustimmung vom Ministerium zugesandt, allerdings war einer fürchterlich am schimpfen, das war der Landrat Dr. Wiesenthal von Augsburg. Denn ihm wurde mitgeteilt, daß für seinen Landkreis die Realschule in Königsbrunn genehmigt worden sei. (Anm.: Königsbrunn war damals noch im Landkreis Schwabmünchen!)"

Im Jahre 1992 steht für die Stadt ein Doppeljubiläum ins Haus. Welche Gedanken hegt ein ehemaliger Bürgermeister oder Prior einer Stadt, die jubiliert?

„Jeder, der mich kennt, weiß, daß ich ein Mensch bin, der gerne feiert. Warum sollte ich z.B. also auch die Gelegenheit auslassen, mit den Königsbrunnern ihr 150jähriges Bestehen und ihre 25jährige Stadtzeit mitzufeiern? Ich glaube, dies deswegen ehrlichen und freudigen Herzens tun zu dürfen, da ich - was sicherlich nicht anmaßend ist - wesentlich dazu beigetragen habe, daß diese Stadt nach meiner Amtszeit so ausgesehen hat, wie sie geworden ist. Ich könnte mir vorstellen, daß ich noch mehr Freude an der ganzen Feststimmung hätte, wenn von der von mir vorgebenenen Kommunalpolitik etwas mehr übernommen worden wäre. Königsbrunner wissen, daß ich zu den konservativen Menschen gehöre.
Wenngleich ich der Meinung bin, daß konservativ nicht altertümlich heißt, sondern das gute Alte zu bewahren und es mit neuen Gedanken auszufüllen. Meine Zeit und mein Wirken für Königsbrunn kann sicherlich jedem Vergleich auch mit anderen Kommunen standhalten. Ich habe immer gewußt, persönlich und für die Kommune, daß dem Leben des einzelnen und der Gemeinschaft zwei Dinge schadhaft sind, nämlich das Chaos und die pedantische Ordnung. In meiner Zeit habe ich nichts anbrennen lassen. Ich habe daher allen Grund, wenn Königsbrunn feiert, mich mitzufreuen. Denn wer sich ärgert, büßt für die Sünden anderer. Wenn also Königsbrunn jubiliert, dann kann ich nur sagen, der Fritz auch!"

Die Amtsübergabe

Am 30. April 1984 übergab Friedrich Wohlfarth nach 36 Dienstjahren als erster Bürgermeister Königsbrunns die Amtsgeschäfte an seinen Nachfolger Adam Metzner. Er wandte sich in der Festsitzung an ihn mit folgenden Worten:
„Wenn ich nun Ihnen, Herr Kollege Metzner, das Amt des 1. Bürgermeisters übertrage, dann in dem Bewußtsein, selbst alles Menschenmögliche getan zu haben. Ich übergebe Ihnen eine Stadt mit immer mehr wachsender Wirtschaftskraft. Mögen Sie und Ihre Räte jedoch eingedenk dessen sein, daß eine Kommunalpolitik sich nur dann weiterentwickeln kann, wenn Sie es mit der Förderung der Wirtschaft halten, so wie es die Waldbauern mit ihrem ererbten Besitz tun. Sie schlagen den Wald, den ihre Großväter gepflanzt haben und leben davon. Sie werden aber nicht vergessen, wieder Jungholz zu pflanzen, damit auch ihre Enkel noch leben können.

Widerstehen Sie den Verlockungen von modernem Zeitgeist; der Wahn ist kurz, die Reu ist lang! Es kann im politischen Leben manche kleine Sünde geben; diejenige, die sich am meisten rächt, ist die Unterlassungssünde – nämlich die Voraussetzungen zu schaffen, daß sich Wirtschaftskraft in der Stadt entfalten kann . . ."

Den Stadträtinnen und Stadträten legte er besonders ans Herz: „Das Wohl der Stadt hängt gewiß nicht allein von der Statur ihrer Bürgermeister ab, doch wünschen sich die Einwohner eine gewisse Identifikation mit dem, was im Rathaus geschieht und was an Anregungen und Antrieben aus ihm herauskommt. Das hängt eben vom geistigen Interesse und vom intellektuellen Niveau der ersten Männer und Frauen ab. Wenn sie keinerlei Neugier auf Neues, vielleicht riskantes Bauen haben; selten bei bedeutenden Vorträgen gesehen werden; sich um kulturelle Aktivitäten in der Stadt nicht kümmern, so werden sie kaum im Stande sein, Anstöße zu geben und kluge Entscheidungen auch dann zu treffen, wenn heftige Kontroversen intellektueller Art ausbrechen. Es wäre gut, wenn unsere Damen und Herren des Rates der Stadt die Geschichte der Gemeinden und die Geschichte der eigenen Stadt kennen würden. Manches oberflächliche Geschwätz würde unterbleiben. Vieles Negative in der Geschichte der Menschheit wäre uns erspart geblieben, wenn die Politiker auch mehr Historiker gewesen wären".

Beim Interview auf seine damaligen Worte angesprochen, antwortete er: „Wenn ich nach über 7 Jahren diese Rede lese, so kann ich sagen, daß nichts daran zu ändern ist. Was 36 Jahre lang gegolten hat, gilt heute noch. Die Kommunalpolitik scheint sich mir heute im wesentlichen auf Absichtserklärungen, Meinungsumfragen, Pressemeldungen und Stimmungsmache – alles nur in und für den Tag gesprochen – zu beschränken. Die größeren Zusammenhänge einer längerfristigen Gemeindeabwicklung bleiben auf der Strecke.

Karl Bauer
III. Geschichten aus Königsbrunn

Was ist Heimat?

Der Begriff Heimat summiert sich aus vielem: Ofenwinkel und Fensterbank, Türschwelle und Treppenhaus, Spielzimmer und Bastelraum, Hundehütte und Gartenbank, Bolzplatz und Badesee, Wiesenrain und Waldwege, Pflanzen und Tiere.
Heimat bedeutet aber auch Menschen: Vater und Mutter, Geschwister und Großeltern, Onkel und Tanten, Vettern und Basen, Schulkameraden und Arbeitskollegen, Nachbarn und Freunde. Zur Heimat gehören Spazierwege und Einkaufsstraßen, Läden und Wirtschaften, das Rathaus, die Kirche und die Schule, die Geselligkeit und das Vereinsleben, die Blasmusik und das Volksfest.
Zur Heimat gehören Wind und Wolken, der Sonnenuntergang und die Sterne des Nachthimmels, das warme Frühlingserwachen und die Hitze des Sommers, die frostigen Nebel im Herbst und das Schneegestöber im Winter.
Zur Heimat gehören auch Mundart und Redensarten, Sagen und Märchen, Geschichten und Aufzeichnungen, Dokumente und Urkunden aus Matrikelbüchern und Kanzleiakten. Je mehr einer über seine Heimat weiß, um so eher wird ihm dieses Fleckchen Erde Geborgenheit und Frieden geben.

Geschichten aus der Gründerzeit

Jacob Hauser, der erste Lehrer von Königsbrunn

„Da die Wege in die Nachbargemeinden für die Schulkinder zu weit und zu schlecht sind, wird amtlicherseits erwogen, auf Kosten der Siedler eine eigene Lehrkraft anzustellen. Eine Deputation soll dies-

bezüglich beim Amt erscheinen". Daraufhin gibt Matthias Wahl in Schwabmünchen folgendes zu Protokoll:
„Es scheint uns selbst „unthunlich", daß unsere schulpflichtige Jugend einem Schulsprengel der umliegenden Gemeinden zugeteilt wird. Wir beantragen, daß uns selbst eine Schule bewilligt werde. Der 17jährige Sohn des Jacob Hauser, der sich zu diesem Zwecke schon acht Wochen in Augsburg ausbildet, könnte unsere Kinder unterrichten. Mein Bruder würde dafür ein geeignetes Zimmer zur Verfügung stellen. Es versteht sich, daß dieser Jacob Hauser vor der Zulassung zur Unterrichtserteilung geeignet geprüft werde".
Die Schulinspektion erklärt daraufhin, daß der genannte Jacob Hauser zu jung sei und ein Lehrer das Seminar besucht haben müsse. Außerdem bestehen die Kinder aus Katholiken und Protestanten, weshalb kein befriedigender Unterricht möglich sei. Wie diesem Umstande abgeholfen werden kann, vermag die Inspektion nicht anzugeben und muß dies daher der höheren Einsicht der kgl. Regierung, mit deren Bewilligung diese Ansiedlung erlaubt wurde, anheimstellen.
Mit diesen, für die ungeschulten Bauern und Kolonisten besonders schwierigen Auseinandersetzungen ging das Jahr 1840 zu Ende. Trotz zäher Rode- und Aufbauarbeit und aller erzielten Fortschritte erbrachte auch das Jahr 1841 keine Erleichterungen und keinerlei Anerkennung.
Am 9. Mai 1841 wird durch die Regierung endlich folgende Entscheidung gefällt: „Da der eheliche Sohn der Witwe Anna Maria Hauser namens Jacob vor der Prot. Bezirksschulinspektion in Augsburg sich als befähigt erwies, den Unterricht an die protestantischen Schüler auf dem Lechfeld zu erteilen, er einen unbescholtenen Lebenswandel führt, wird ihm bewilligt, bis zur Anstellung eines gesetzlich qualifizierten Schulgehilfen den einstweiligen Unterricht an die prot. Werktagsschüler in dem Hause des Kolonisten Jakob Wahl zu erteilen. Ein Betrag aus dem Kreisschulfonds kann demselben mangels gesetzlicher Qualifikation zum Lehramt nicht bewilligt werden, und eine definitive Verwendung kann nur durch vollständigen Besuch eines Schullehrer-Seminars erfolgen".
Durch eine vorläufige Verfügung des Landgerichtes vom 22.1.1841

wurden die katholischen Kinder der Schule Haunstetten bzw. Oberottmarshausen zugeteilt. „Bei Anfertigung des Kreisbudgets für 1841/42 wurde der nötige Geldbedarf für einen kath. und einen prot. Schulgehilfen eingesetzt, wofür auch demnächst die Genehmigung Seiner Majestät des Königs zu erwarten ist".
Am 16.6.1841 erklärte sich Karl Leber bereit, aus seinem an der Straße gelegenen Grundbesitz den Platz zum Bau eines Schulhauses für die kath. Kinder unentgeltlich abzutreten. Jakob Wahl schenkte einen Platz zum Bau einer Schule für die ev. Kinder.
Jacob Hauser unterrichtete die prot. Kinder in Königsbrunn von 1841 bis 1844.

Zeugnis der Distriktschulinspektion Schwabmünchen

„Dem Schulverweser Jacob Hauser, geb. zu Rossing Kgl. Landgericht Neuburg, welcher vom September 1841 bis Ende März 1844 den Unterricht in der damals neu errichteten evangelischen Schule zu Königsbrunn auf dem Lechfelde ertheilte, wird hiermit pflichtgemäß bezeugt, daß er seinem Amte mit lobenswerther Thätigkeit und Pünktlichkeit nachgekommen sey und die Liebe sowohl der Schulgemeinde, als auch seiner Schüler sich erworben habe; daß er ferner mit Fleiß an seiner eigenen Fortbildung gearbeitet und ein untadelhaftes Betragen beobachtet habe".
Augsburg, den 7. April 1844
Königl. prot. Distriktsschulinspektion Schwabmünchen gez. J.W. Görninger.
Da Jacob Hauser kein Schullehrerseminar besucht hatte, wurde er nicht in den Schuldienst übernommen. 1846 ging er zum Militär und tat mehrere Jahre Dienst beim Königl. Bayr. Inf. Leib-Regiment in München. Die Auflehnung des Volkes gegen die Fürstenhäuser in Deutschland war vielerorts. Hier ein Brief des Jacob Hauser vom 2. Nov. 1848 aus Sigmaringen:

„Liebe Mutter!

Ich habe zwar schon einmal an Dich geschrieben von Illertissen aus, allein, ich weiß auch nicht, ob Du denselben erhalten hast, es hat doch nämlich der junge Graf von Ermarth berichtet über unseren Ausmarsch. Die Stadt Sigmaringen, wo hier abgezeichnet ist (Bild auf dem Briefkopf), ist die Hauptstadt von dem Fürstentum Sigmaringen und Hohenzollern. Es ist eine kleine Stadt. Das Schloß, in welchem wir wohnen, liegt auf einem hohen Felsen, die Donau, welche etwa so stark ist wie ein großer Graben, läuft um die ganze Stadt. Die Gegend ist wunderschön und gefällt mir sehr wohl. Auf dem Marsch bis daher hab ich es zwar streng gehabt, aber allein sehr gut habe ich es jetzt. Wir wohnen im Fürstlichen Schloß, und weil der Fürst nicht hier ist, so gehen wir auf die Post zum Essen. Das läßt sich leicht denken, daß wir da keine Gelberüben oder Kartoffel und dgl. essen, sondern was gut und teuer ist, den besten Wein, den Schoppen zu 30 Kr., soviehl ich mag, und wer 15 Schoppen trinken will, alles auf Fürsten Unkosten. Da ich aber den Wein nicht vertragen kann, muß ich Vorlieb nehmen mit einem Glas Wasser, denn das Bier ist zu schlecht. Wir sind jetzt 3 Wochen da. Wie lange wir noch bleiben, weiß ich nicht. Wo es dann hingeht, das auch nicht. Ein Gefecht oder sonstige Krawalle sind noch nicht vorgefallen. Von Euch bis daher sind es ungefähr 60

Meilen. Städte und Ländchen liegen zwischen Baden und Württemberg. Liebe Mutter, weiteres oder mehr kann ich Dir nicht schreiben, ich bin gesund, es geht mir gut und das Weitere überlasse ich Gott. Über die künftigen Veränderungen werde ich Dir wieder schreiben. Ich wünsche, liebe Mutter, daß Du gesund bleibst, bis ich Dich wieder sehe. Grüße mir meine Geschwister, Schwäger und Taufpathen, meine Bekannten, beide Wahl nebst Catharina.

Was mich am besten freut, liebe Mutter, ist, daß ich unter Stabsoffizieren und einem General überall mitreiten darf, wo es hingeht. Da ist man immer angesehen und bekommt gar keine Schläge gratis. Also, liebe Mutter, lebe recht froh und ich bleibe Dein stets treuer und dankbarer Sohn Jacob".

Nachdem Jacob Hauser über 10 Jahre den Rock des Königs getragen hatte, wollte er wieder in das zivile Leben zurückkehren. 1850 bemühte er sich um eine vakante Stelle bei der sich entwickelnden königl. bayerischen Eisenbahn. Um leichter in eine freie Stelle einrücken zu können, bat er seinen Vorgesetzten um ein Führungszeugnis. Hier das Zeugnis im Wortlaut:

„Generalleutnant von der Mark
Zeugnis
Jacob Hauser, gebürtig zu Rossing Kgl. Landgericht Neuburg an der Donau, zur Zeit noch Soldat im Kgl. Infanterie Leib-Regiment, war bei dem Unterzeichneten drei Jahre und einen Monat als Bedienter und hat sich während dieser Zeit durch bewiesene Treue, Unverdrossenheit, Fleiß in seinen Verrichtungen und bescheidenes Betragen die volle Zufriedenheit des Unterfertigten erworben.

München, den 31. Mai 1850
Unterschrift: von der Mark,
Oberst und Kommandant des K.B.Inf.Leib-Regiments"

Das Königlich Bayerische Ober-Post- und Bahn-Amt von Unterfranken und Aschaffenburg an Jacob Hauser, Bedienter bei Se. Excellenz Herrn Generalleutnant von der Mark in München, Schwabingerlandstraße 135/0.

„Würzburg, den 9. Juli 1857
Das Königlich Bayerische Ober-Post- und Bahn-Amt von Unterfranken und Aschaffenburg Ernennung zum Stationsdiener betreffend. Man hat beschlossen, den Jacob Hauser vom 12. d. Mts an zum Stationsdiener II. Klasse in widerruflicher Eigenschaft mit den normalmäßigen Bezügen von 220 fl Functionsgehalt und 30 fl Monturgeld jährlich zu ernennen.
Derselbe hat sich sofort anher zu begeben und zur Vornahme der Verpflichtungen beim Königlichen Bezirksamts Vorstande vorstellig zu machen. Der Königl. Oberpostmeister und Oberinspektor.
Unterschrift"

Episode anno 1841

Nach Peter Johann August Arndt, Vikar in Königsbrunn 1861-1865

Es war um Pfingsten 1841. Hinter seinem Pflug schreitet der Kolonist Jakob Wahl. Da sieht er eine Gruppe Leute auf sich zukommen: der Landgerichtsassessor Hermann aus Schwabmünchen ist's, drei Gendarmen, die Bürgermeister von vier Nachbargemeinden, allen voraus der Gerichtsdiener. Und es entspinnt sich folgendes Gespräch:
Der Gerichtsdiener: „Was macht er da?"
Und Wahl darauf: „Das sehe er wohl selbst".
„Wer hat ihn das geheißen?"
„Das ist mein Eigentum. Ich habe es bar bezahlt und kann drum tun und lassen, was ich will. Da hat mir niemand etwas zu befehlen".
Mit seinem Säbelkorb versetzt nun der Gerichtsdiener dem Kolonisten einen scharfen Stoß, und dieser fällt zu Boden. Jetzt kommen auch die anderen nach. Der Gendarm kennt Wahl als ordentlichen

Mann, rügt des Gerichtsdieners Gewalttätigkeit, die Kommission sei nicht da, den Wahl zu mißhandeln, sondern nachzuschauen, ob in der Kolonie nichts Unrechtes geschehe. Doch dessen ungeachtet geht der grobe Diener aufs neue tätlich gegen Wahl vor, und dieser setzt sich nun zur Wehr. Und der Assessor? Er erklärt den Kolonisten kurzerhand ohne jede Grundangabe für verhaftet. Für die Pferde werde gesorgt. So wie er gehe und stehe solle er mitkommen. Wahl tut, wie ihm geheißen, ohne weiteren Widerstand. Im Neuhaus kehrt die Kommission erst ein und kümmert sich nicht weiter um den Arrestanten. Um ein Uhr geht der Assessor, die anderen bleiben bis fünf Uhr. Wahl hält es nicht so lange aus, seine wiederholten Bitten um Aufbruch wurden abgewiesen. Da macht er sich in einem günstigen Augenblick allein auf den Weg und eilt so schnell wie möglich nach Schwabmünchen. Er will wissen, warum er verhaftet worden sei. Er kommt beim Landgericht schlecht an. Man will ihn beim Landrichter nicht vorlassen, denn dieser habe angeordnet, ihn bis zum nächsten Tag ins „Eisenhaus" zu stecken. Ohne Grund eingesperrt werden? Nie und nimmer will sich der rechtschaffene Mann dies bieten lassen. Es glückt ihm, allem Widerstand zum Trotz, sich bis zum Landrichter durchzukämpfen. Und Red' und Gegenred' ergeben sich: „Warum bin ich verhaftet worden?" Der Landrichter darauf: „Ich weiß nichts von der leidigen Geschichte. Ich habe nichts befohlen. Geht!" „Nicht eher, als bis ich es weiß, warum mir dies geschah!" Doch ohne weiteres Wort, ja ohne ihn nur eines Blicks zu würdigen, läßt der Landrichter den lästigen Frager stehen. Der Rechtspraktikant gibt Jakob Wahl den guten Rat, sich an die Regierung selbst zu wenden. Kurz entschlossen eilt dieser noch am gleichen Abend nach Oberhausen zu Bekannten. Welch eine Marschleistung an diesem Tag bei sicherlich nicht allzu guten Wegverhältnissen! Am nächsten Morgen schon trägt der energische Kolonist in sauberen geborgten Kleidern dem Präsidenten seine Klage vor. Dieser verspricht Untersuchung des Vorgefallenen, und er hat sein Versprechen sicherlich auch gehalten. Denn von jetzt ab weht in Königsbrunn ein anderer Wind. Die Kolonisten werden von den Behörden zur weiteren Arbeit aufgemuntert und dafür auch ausgezeichnet. Jakob und Matthias Wahl erhalten in den folgenden

Jahren für ihre vorbildliche Tätigkeit von allerhöchster Stelle Belobigungen, Medaillen und Buchgeschenke.
Das Landgericht Schwabmünchen wird beauftragt, die Auszeichnungen nicht nur in Königsbrunn, sondern in allen Ortschaften des Distrikts bekannt zu machen. Nicht immer ist Undank der Welt Lohn.

Maria Gmach

Anekdote um Pfarrer Josef Wagner

Wieder war ein langer und harter Winter in der jungen Kolonie Königsbrunn durchgestanden. Es ging schon auf Pfingsten zu. Vielerorts war auf den neu kultivierten Feldern entlang der Hochstiftstraße ein Wachsen, Treiben und Blühen. Besonders üppig und bunt blühte es in den kleinen Bauerngärten.
Es war Sonntagnachmittag. Das schöne, warme Wetter lockte den Pfarrer Josef Wagner zu einem Spaziergang durch sein Dorf. Er wollte mit den Leuten ins Gespräch kommen. Stets war er bereit, einen Rat und gute Worte der Aufmunterung zu geben. Vögel jubilierten und strichen durch die Lüfte, man spürte den Sonntagsfrieden. Da kam der Pfarrer an ein Gehöft. Im Vorgarten stand der Bauer, die Arme verschränkt und die Pfeife im Mund. Genüßlich stieß er kleine Wölkchen in die Luft, zufrieden sah er auf seine Beete, auf denen Salat, Rettiche, Rüben und allerlei Kohlarten heranwuchsen. Und wie man einen Reichtum wohl einschließt, hatte die Hausfrau die Beete mit bunten Blumen eingefaßt.
Da trat der Pfarrer näher. Er wollte dem fleißigen Siedler ein Lob aussprechen: „Mein lieber Mann, da haben Sie und unser Herrgott ein kleines Paradies erstehen lassen". Der Bauer schmunzelte, zog bedächtig an seiner Pfeife, setzte kleine Kringel in die Luft, dann entgegnete er mit leichtem Spott: „Herr Pfarrer, Sie haben recht! Auch i freu mich über die Pracht. Aber Sie hätten des Stückle Land seha solla, wia des ausg'schaut hot, so langs unser Herrgott noch alloi bewirtschaftet hot!" Diese humorige Anwort erfreute selbst den Gottesmann.

Die Nachtkönige von Königsbrunn

Die ersten Kolonisten, die es wagten, sich mit ihren Familien auf dem kargen Lechfeld eine Lebensexistenz aufzubauen, fanden Öden vor mit verdürrtem Gestrüpp und dünnem Graswuchs, so wie sich heute noch die „Königsbrunner Heide" zeigt, die vor den Lechauen liegt. In trockenen Jahren ließ das spärliche Gras sogar die Schafe hungern. Wir Heutigen können es uns kaum vorstellen, welche Mühe und Arbeitskraft die ersten Siedler aufwenden mußten, um das Lechfeld zu kultivieren. Nur ihre Bedürfnislosigkeit ließ sie die „Hungerjahre" durchstehen. Sie rodeten das Land, verbrannten das getrocknete Gestrüpp mitsamt dem Wurzelgeflecht und düngten mit der Asche den Boden. Kunstdünger gab es noch nicht. Um die Ackerkrume ertragreicher zu machen, zogen die Königsbrunner mit ihren Odelwagen am Abend nach Augsburg, um dort die Abortgruben zu leeren.

Der Wärter am Roten Tor durfte sie erst nach Einbruch der Dunkelheit einfahren lassen, denn das übelriechende Geschäft sollte erst nach Feierabend erledigt werden. Wegen dieser Tätigkeit mußten die Königsbrunner viel Spott ertragen. Wenn Augsburger vor dem Tor die wartende Odelwagenkolonne erblickten, neckten sie: „Die Königsbrunner Artillerie rückt an!" oder „Die Nachtkönige schwärmen aus!" Die Königsbrunner waren aber auch nicht aufs Maul gefallen. Manchmal schossen sie zurück wie bei jener feinen Dame, deren Grube gerade geleert wurde. Pickfein angezogen verließ sie das Haus, um mit ihrem Gatten eine Opernpremiere zu besuchen. Mit kleinen Schritten trippelte sie durch den Vorgarten, ein Spitzentaschentuch vor die Naße gepreßt, stöhnte sie: „Puh, das stinkt ja schrecklich!" Der Königsbrunner gab ihr die klare Antwort: „Ja, jetzt möcht i scho wissa, kommt die Brüah von mir – oder von Ihna?"

Guter Rat ist teuer

Dem Landwirt Christian Haft aus Königsbrunn war wegen eines Steuerrückstandes eine Kuh gepfändet worden. Das Tier blieb vorerst noch in seinem Stall. Wenige Tage später schrieb er folgenden gewichtigen Brief:

Königsbrunn, 12. März 1907
Werthes Finanzamt!
Die Kuh, die wo ihr mir gepfändet habt, ist jetzt rindrig geworden. Schreibt mir recht bald, ob ich sie zum Stier führen soll oder ob einer von Euch herauskommt und die Sach erledigt. Aber es pressiert!
Achtungsvoll!
Christian Haft, Oekonom, zu Königsbrunn – Haus-Nr. 316.
So geschrieben – 1907!

Aus dem Brauchtum

Brauchtum entsteht aus der Gemeinschaft. Gemeinschaften, in denen sich Brauchtum verwirklicht, können solche des Blutes sein, also in der Familie, in der Sippe oder in größeren Zusammenschlüssen, der Pfarrei oder innerhalb eines Ortes. Es gibt aber auch Überlieferungen, die für ein ganzes Land gelten: Leonhardiritte, Nikolaustage, Geburt, Hochzeit und Tod, Prozessionen, religöse Gedenktage usw..
Gehen wir zurück zur Familie. Weils meine Mutter so gemacht hat und meine Großmutter auch schon, darum halten wir daran fest. Bei uns ist es Familientradition.

Bräuche im Advent

„Kathrein – stellt den Tanz ein!" Dieser Spruch war Richtschnur für das Volk. Das Kirchenjahr geht zu Ende. Der Adventskranz verkündet mit seinen brennenden Kerzen das Näherrücken an das große Ereignis. An Barbara werden Zweige von Kirsche, Flieder und Weißdorn in einen Wasserkrug gestellt. Für die Kinder beginnt im Advent eine glückselige Zeit. Die frühe Dunkelheit zwingt sie in die Stuben zurück. Wie heimelig wird es darin, wenn die Großmutter die Kleinen

um sich schart und ihnen von den fleißigen Englein in der himmlischen Werkstätte und von der weiten Reise des guten Nikolaus erzählt. Es ist eine Zeit des stillen Schaffens und der Geheimnisse. Oft war es so, daß jeder jedem Familienmitglied heimlich ein kleines Geschenk selbst fertigte. Bei den Kleinen geschah dies unter der

Anleitung der Mutter. Schulkinder erfreuten ihre Großeltern mit einem Brieflein, geziert mit bunten Stiften und Blumen. Größere Mädchen schenkten Nadelarbeiten, mit Liebe im stillen Kämmerlein erstellt. Solches Tun füreinander bindet die Familienmitglieder fester zusammen.

Die Dorfkinder kannten in den 20er Jahren noch keinen gedruckten Adventskalender. Der hätte Geld gekostet. Die meisten Königsbrunner Mütter malten am 1. Dezember mit Kreide 24 etwa 5 Zentimeter lange Strichlein auf das dunkle Seitenbrett eines Schrankes. Und die Mutter bestimmte jeden Morgen nach dem Waschen, wer am vergangenen Tag sich die meisten Pluspunkte erworben hatte, denn der durfte mit seinem nassen Finger ein Kreidestrichlein löschen.

Frieda Hofmann war damals eine ganz junge Lehrerin in Königsbrunn. Sie führte eine erste Klasse. Diese junge Lehrerin verstand es mit leisen Worten, die bösen Buben in der Vorweihnachtszeit in fromme Lämmlein zu verwandeln. Während die Kinder ihre Nasen auf die Schiefertafeln richteten und mit dem Griffel das „Auf, ab, auf, Tüpfele drauf" übten, sprach sie urplötzlich: „Habt ihr's Engele am Fenster gesehen? Es wollte nur schauen, wer von euch am schönsten schreibt – dessen Namen meldet es dem Christkind". Daß sich die Kinder dadurch besonders beim Schreiben bemühten, war wohl klar.

Auf ihrem Lehrerpult stand eine kleine hölzerne Krippe. Daneben stand ein Körbchen mit glatten gleichlangen Strohhalmen. Jedes Kind durfte, wenn es am Tag zuvor eine gute Tat vollbracht hatte, einen Strohhalm ins Krippele legen. So waren die Schüler bestrebt, dem Christkind die Krippe angenehm zu polstern. Ob man so etwas heute noch machen kann?

Besonders ereignisvolle Tage im Advent waren die Klopfertage. Damit meinte man die drei Donnerstage vor Weihnachten. Es waren Heischetage, die waren von altersher für die Ärmsten in der Bevölkerung gedacht. Die Kirche hat schon unter Gregor dem Großen (590 – 604) den Besitzlosen und Entrechteten die Heischegänge erlaubt. In späteren Jahren hat sich dieses Recht auf die Kinder allgemein übertragen.

Die Klopfertage waren für die Kinder ersehnte Tage. Der Herr Pfarrer von Königsbrunn, als geistliche Schulaufsicht, erlaubte den größeren Kindern an diesen drei Donnerstagen sogar, die Schule zu schwänzen. Schon Wochen zuvor hatten die Buben aus den Hecken starke Haselnußstecken geschnitten. Wenn der Klopfertag gekommen war, schickten die Eltern meist paarweise ihre Burschen und Mädchen in die umliegenden Dörfer, denn im Ort selbst war ja nichts zu erbitten. Bei wohlhabenden Mitbürgern klopften sie an. Sie wollten Glück und Segen bringen, meist mit einem Liedlein oder einem frommen Spruch: „I komm und klopf und sage an, daß Christ, der Herr, bald kommen kann. I bitt um eine milde Gab; die Euch der Herr gegeben hat, Klopfer, Klopfer, Hämmerle! Bäure gang ins Kämmerle! Gib uns Biera und Äpf'l ra, daß m'r könnat Vergelt's Gott sa!" Meist wurden die Heischegänger in die Stube zum Aufwärmen geholt. Ein Schluck Milch gab wieder neue Kräfte. Die Mutter zu Hause hatte an alles gedacht. An einen Henkelkorb für Brot und Eier, einen Topf, in dem immer wieder ein Löffel voll Schmalz gedrückt wurde, ein Säcklein fürs Mehl und einen Rucksack für Äpfel und Hutzeln. Ohne diese Heischegänge hätte es bei den Siedlern nur ganz bescheidene Weihnachtstage gegeben.

Volksbräuche um Liebe und Heirat

Die Habergoiß

Ums Lieben und Heiraten gibt es mehr Volksbräuche als ein Monat Tage zählt. Die Habergoiß ist ein alter Brauch, nicht nur in Altbaiern, auch in Schwaben. Er geht gegen die Weiberleut. Aber nur gegen die, die den Dorfbewohnern unmoralisch und anstößig erschienen. Als verdorben galten alle Weibsleut, ob ledig oder verheiratet, die zu gleicher Zeit eine Buhlschaft mit mehreren Mannsbildern unterhielten und in deren Kammer ein reger Verkehr „wie in einem Taubenschlag" war. Diese Nimmersatten wollte man öffentlich anprangern und stellte ihnen deshalb eine Habergoiß zu Schand und Spott vor die Haustür oder gar auf's Dach.

Habergoißen standen im Ruf einer starken Männlichkeit. Die Habergoißen wurden früher von den Dorfburschen aus Stecken und Stangen selbst gezimmert und der dürre Leib und der Hals mit Haberstroh umwickelt. Ich glaube, wenn Brauch und Moral noch wie damals gültig wären, würde heut so ein Fabrikle eine gewinnbringende Marktlücke schließen!

Der Brautwagen

Früher wurden mehr Vernunftehen geschlossen. „Sach muaß zum Sach!" ist ein alter Bauernspruch. Braut oder Bräutigam wurden oft von den Eltern ausgesucht. Wenn man sich über die Mitgift der Braut und den Besitzanteil des Bräutigams einig war, konnte beim Pfarrer das Aufgebot bestellt werden. Während beim Bräutigam die Handwerker den Hof blitzblank herrichteten, überprüfte die Braut ihre umfangreiche Aussteuer und gab der Näherin und dem Schreiner die letzten Anweisungen für ihr Heiratsgut.
Am Samstag vor der Hochzeit wurde der Brautwagen aufgerichtet. Geschwister und Nachbarn halfen mit; man wollte doch zeigen, wer man ist. Der lebensfrohe Barock hatte die Menschen verwandelt. In den Bauernstuben kehrten Farbe und Auszier ein. Bauernschränke, Truhen und Betten, Tische, Stühle und Bänke wurden mit bunten Farben geschmückt. Die ältesten bemalten Schränke stammen aus

dem 17. Jh., doch die Blütezeit der schmucken Bauernmalerei fällt ins 18. und frühe 19. Jh. Mit den Jahren wurde die Herstellung der Schränke immer kunstvoller. Sie erhielten zwei Türen, die Ecken wurden abgeschrägt, der obere Teil kunstvoll durch Aufsätze nach oben gewölbt. Die Türfüllungen wurden meist mit Heiligen oder Schutzpatronen bemalt. Manche Schränke waren durch Form und Farbe direkt prunkvoll. Unter all dem vielen Hausrat durfte nie die Wiege fehlen, denn gesunde Kinder erwartete man als Segen Gottes; sie waren Garant für die Erhaltung des Geschlechts. War das Brautfuder geladen, wurde das Gefährt noch geschmückt. Girlanden aus Tannenreis

Schwäbischer Brautwagen

mit Blumen und Schleifen umrankten den Wagen und das Himmelbett. Mit Bändern behangene Tannenbäumchen verschönten den Blick der Brautfuhre. Herausgeputzte Pferde mit eingeflochtenen Bändern in Mähne und Schweif zogen den Festwagen. Der schneidige Fuhrmann kutschierte mit kräftigem Peitschenknallen den Prachtwagen in das neue Heim der Braut. Auf der Fahrstrecke geleiteten Pistolen- und Böllerschüsse den Brautwagen und die dahinterfolgende Chaise mit dem Brautpaar. Durch das scharfe Knallen erhoffte man sich die Vertreibung der bösen Geister mit ihrer dämonischen Macht. Für Schwaben waren in früheren Zeiten Dienstag und Donnerstag typische Heiratstage. Doch am Abend zuvor war Polterabend. Verwandte und Freunde wurden geladen. Es galt Abschied zu nehmen von der Jugend und der Junggesellenzeit. Das Zerschlagen von Geschirr geht auf den Abwehrzauber durch Lärm zurück. Der Bräutigam mußte den Scherbenhaufen zusammenfegen.

Streuen zum Exfreund

In dieser Nacht des Polterabends waren auch junge Burschen rührig, die nicht geladen waren. Hatte die Braut schon einmal ein festes Verhältnis, so wurde von einigen Dorfburschen vom Haus der Braut Spreu gestreut. Die Spreu ist der Abfall vom Weizen. Damit wollten sie sagen: „Schau, der Weizen wird heute eingeheimst, du aber bekommst nur die Spreu!" Für einen verflossenen Liebhaber war so ein gestreuter Weg eine Bloßstellung: deshalb versuchte jeder Sitzengebliebene, das Streuen am Polterabend seiner Exfreundin zu verhindern.
1930 war ein Königsbrunner Bursch in der gleichen Lage. Mit seinem Bruder lag er auf der Lauer, um eventuelle Streuer an ihrer nächtlichen Arbeit zu hindern. Viele Stunden warteten sie schon vergeblich in dem Gebüsch vor der Ulrichskirche. Weil die Morgendämmerung schon nahe war und nichts mehr zu befürchten war, wollten sie ihren Posten verlassen. Doch plötzlich rührte sich etwas. Beide starrten ins Dunkle. Leichtes Kreischen von ungeölten Rädern war vom Süden kommend zu hören. Gespannt blickten ihre Augen auf die gegenüberliegende Straßenseite. Ein altes Weib schob seinen hochrädrigen Kinderkarren Richtung Haunstetten. Fast hätten sie lachen wollen. Die Welz Julie war mit ihrem Karren schon unterwegs, um Botengänge zu erledigen. Beruhigt schlichen die beiden Wächter nach Hause, um jetzt zu schlafen.

Doch am Morgen gab es ein böses Erwachen! Die Gegenpartei hatte doch gestreut und damit die Lacher auf ihrer Seite. Dem Bruder der Braut war eine blendende Idee gekommen. Er verkleidete sich als alte Frau. Von der Dachkammer holte er einen hochwandigen Kinderwagen, bohrte in den Boden ein Loch, füllte ihn mit Spreu, und die Fahrt konnte beginnen. Gute Einfälle führen oft zum Erfolg!

Die Hochzeit

Im Dorf aufzuwachsen, wo jeder jeden kennt, ist in der Kindheit etwas wunderschönes.
Zum echten Brauchtum gehört ein bewußtes Leben und Erleben im Jahreslauf. So fühlt sich der Bauer mehr dem Kreislauf der Jahreszeiten verbunden wie der Städter. Er spürt seine Zeit des Säens und der Ernte, er erlebt eine Zeit des Fastens und des Feierns, der Freude und der Trauer. Von jeher war es Sitte in der Dorfgemeinschaft, daß bei einer Hochzeit, bei einer Taufe oder bei einer Beerdigung aus jeder Familie wenigstens eine Person teilnahm. Man wollte alles gemeinsam ertragen, die Freude und den Schmerz.
Alte Sitte ist das Einholen der Braut am Hochzeitsmorgen durch den Bräutigam persönlich, denn niemand sollte sagen können: „Du bisch ja selber komma, i hab'di gar net g'wollt!"
Der Bräutigam erschien im schwarzen Anzug mit Zylinder, die katholische Braut erstrahlte im weißen Kleid, die evangelische meist im Schwarz-Seidenen. Alle Hochzeitsgäste bekamen von der Näherin Rosmarinzweiglein angeheftet, es sollte antidämonische Kräfte ausstrahlen. Der Stolz jeder Braut war früher das Myrtenkränzlein auf ihrem Haupt. Die weißen Blüten galten als Zeichen ihrer Unschuld. Eine Bauernhochzeit war stets ein Fest fürs ganze Dorf. Alle Glocken riefen Freunde und Bekannte in die Kirche, um Zeuge beim Zusammengeben durch den Priester zu sein. Die beiden Brautjungfern und Brautführer geleiteten das Hochzeitspaar zum Traualtar. Nach der Hochzeitsmesse führte die Blaskapelle den Hochzeitszug ins Wirtshaus. Doch zuvor versperrten die Ministranten mit einem alten Glok-

kenseil den Weg. Durch eine Handvoll Münzen mußte der Bräutigam sich und seinem Gefolge den Weg freikaufen. Das Aufhalten des Hochzeitszuges galt als „Ablöse" aus der Gemeinschaft der Ledigen. Beim Hochzeitsmahl war der geistliche Herr stets Ehrengast. Der Hochzeitsschmaus mit seiner strengen Speisenfolge war so üppig, daß ein Großteil der Speisen und Kuchen als Mitbringsel für die Daheimgebliebenen in Taschen wanderte. Nach dem Mahl zog die Köchin von Tisch zu Tisch und zeigte ihre verbundene Hand, die sie verbrüht hatte. In ihrem großen Schöpflöffel legten die Gäste ein Schmerzensgeld.
Nach alter Sitte wurden die zwei Brautführer und die beiden Brautjungfern von der Verwandtschaft mit kleinen Geschenken bedacht. „Hosch du dei Hochzeitsguck scho abgäba?" hieß es. Diese „Gucken" waren aus buntem Papier, ähnlich den Tüten unserer Schulneulinge. Diese Hochzeitsgucken waren mit schmackhaften Dingen gefüllt, wie Wurst, Wein, Schokolade oder schwäbischen Loibla.

Juxgeschenke

Immer mußte beim „Guck", dem Hochzeitsgeschenk, noch etwas Originelles, etwas Lustiges dabei sein, so daß beim Auspacken nach dem „Mahl" die ganze Gesellschaft mitlachen und sich mitfreuen konnte. Eine solche Juxbeigabe schenkte Jakob Sigmund von der Südendstraße 22 anno 1966 unserem Lechfeldmuseum. Damit lösen wir heute noch bei jeder Führung einen Heiterkeitserfolg aus. In diesem Fall sind es zwei kleine Glasfigürchen, bunt bemalt im Nachtgewand, und zwischen den beiden steht am Boden ein Nachttopf. Faßt man nun das

Juxbeigabe einer „Hochzeitstüte"

Glaskörperchen hinter dem Männchen an, drückt die eigene Handwärme weinfarbenes Wasser aus dem Körperchen, und glucksend steigt es im Nachttöpfchen hoch. So etwas gab in froher Hochzeitsrunde immer einen Heidenspaß.
Zwischen dem Essen und der Kaffeetafel fuhren die Brautleute zum Fotografen. Danach wurde vom Brautpaar das Tanzen eröffnet, und

daran erfreuten sich jung und alt bis Mitternacht. Aber noch vor 24 Uhr kam der feierliche Akt der Kranzabnahme und der anschließenden Haubung. In früheren Zeiten trugen nur die Mädchen ihre Haare offen oder in Zöpfen. Mit dem Ehestand wanderte das geflochtene Haar züchtig mit Steckkämmen unter die Haube. Daher der Ausspruch: „Ein Mädchen unter die Haube bringen".

Der Bobberkranz

In der Gemeinschaft zu leben bringt Vorteile. Wer aber etwas tat, was nicht die Regel war, wurde für unser heutiges Empfinden schief angesehen und viel zu hart bestraft. Ein Beispiel aus Königsbrunn. 1892 meldete ein Paar beim Pfarrherrn seine Hochzeit an. Das hatte aber einen Haken, denn die junge Frau hatte schon vor der Hochzeit ein Kind geboren. Nach Willen des Pfarrers mußte die Braut auf das Myrtenkränzlein im Haar verzichten; sie trug dafür den Bobberkranz.

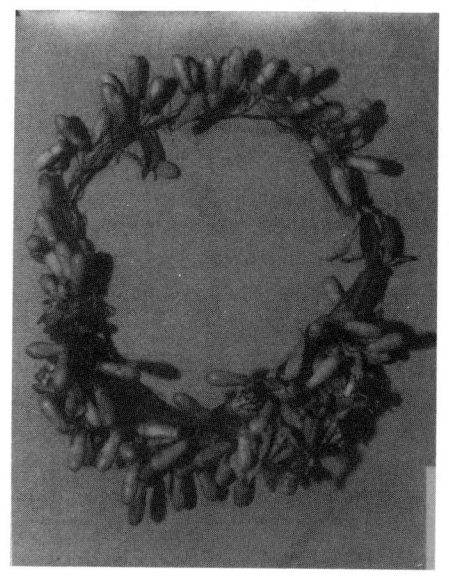

Königsbrunner Brautpaar 1892

Zur Hochzeitsmesse bimmelte daher nur die kleinste Glocke, und der Geistliche lehnte eine Teilnahme am festlichen Mahl ab. So streng waren einmal Sitten und Gebräuche in unserer Kirche. Im Lechfeldmuseum zeigen wir den von der Braut aus Blumendraht, bunten Seidentüchlein und Wachs selbstgefertigten Bobberkranz und dazu ihr Hochzeitsbild aus dem Jahre 1892. Stolz trägt sie ihren Kranz, und was ich heute ergänzen kann: Ihre Ehe wurde überaus glücklich.

Aus alten Protokollen
Wer erfahren will, wie gewaltig die sozialen Unterschiede zwischen den Besitzenden und Habenichtsen vor gut einhundert Jahren waren, der blättere in den sogenannten Verhörprotokollen im Amtsgericht Schwabmünchen. Manche Aufzeichnungen lassen uns schmunzeln, waren für die Betroffenen aber bitterernst. Heute können wir es uns nicht mehr vorstellen, mit welcher Akribie lächerliche Verstöße gegen die bestehende Ordnung und Sitte bestraft wurden:
„Weil er sein derzeitig Eheweib, damals noch im Wittibstand lebend, also vor der Kopulation durch den Priester und deshalb ohne Segen der Kirche, in deren Häusle geschwängert hat".
Zur Sühne wurde ihm eine Geldstrafe von einem Gulden aufgebrummt. Da aber beide Partner anscheinend kein Geld besaßen und sie inzwischen geheiratet hatten, wurde die Strafe gemildert. Er wurde im Amtsgericht 4 Tage bei geringer Atzung (Wasser und Brot) in Arrest genommen.

Ein anderes Protokoll weist auf: Ein Schafknecht vom Gutshof Namens Joseph Stadler wurde streng verwarnt, „weil er bei einer Hochzeit im Neuhaus verwerfliche Reime gesungen hatte". Der lustige Sepp war halt ein echter krachlederner Hallodri, der gerne vor einem frohgelaunten Publikum unzüchtige Lieder und schlüpfrige Verse zum besten gab.

1858 wurde die ledige Dienstmagd Veronika Mährle aus der Colonie Königsbrunn verurteilt, „weil sie ein gar übles Beispiel gegeben. In der Feiertagsmeß' zur Ehren des heiligen Laurentius trug sie in ihrem Mieder einen zu schmalen Brust-Latz". Die Vroni hatte anscheinend nicht nur im Gesicht zwei rosige Bäcklein, die zwei pfirsichähnlichen Rundungen wiederholten sich unterhalb des Halses noch einmal. Die Vroni wußte genau, daß dieser rosige Busen ihr einziges Kapital war, das sie als Dienstmagd aufweisen konnte. Wer will ihr verargen, daß sie mit ihrer Mitgift ein bißchen warb?

Aus solchen Verurteilungsprotokollen entnehmen wir heute, daß man dem einfachen Volk nicht die geringsten und natürlichsten Freuden gönnte. Es sollte nicht einmal hinsehen, wo die „Hohe Obrigkeit die Hand drauf legte". Während die Begüterten in ihren Schäferspielchen jeder Lust frönten, wurde das Volk in Unterwürfigkeit und Angst erzogen.

Unsere lebenslustige Vroni mußte büßen. Sie wurde zu einer Bezahlung von zwei Silbergroschen in die Gemeindekasse verurteilt. Wenn heute noch für jeden freigezeigten Busen eine Silbermünze in die Gemeindkasse gezahlt werden müßte, so könnte der Bürgermeister vielleicht auf andere Lustbarkeitssteuern ganz verzichten.

Brauchtum im Mai

Im Wonnemonat Mai entfaltet sich der Frühling in seiner ganzen Pracht. Das Ergrünen und Erblühen weckt neue Hoffnung und Lebensfreude. Die Frühlingserwartungen spiegeln sich im Brauchtum dieses Monats. In der gefürchteten Walpurgisnacht (Nacht zum 1. Mai) trieben nach der Meinung unserer Vorväter Hexen und Druden ihr Unwesen. Dieser weit verbreitete Aberglaube ließ früher die Menschen davor erzittern. Zur Abwehr der Hexen streute man geweihtes Salz auf Schwellen und Toreinfahrten. Später nutzten die jungen Burschen diesen Aberglauben aus und erschreckten mit ihren derben Späßen ihre Mitmenschen. Alles, was die Leute vergessen hatten, im Hof wegzuräumen, wurde von den Jugendlichen aufgegriffen und versteckt. Ein Fahrrad, das man am Zaun zurückließ, konnte man am Maimorgen aufrecht, wie einen krähenden Gockel, auf dem Misthaufen wiederfinden. Längst glaubt niemand mehr an Hexenzauber. Trotz aller Aufklärung gilt die Walpurgisnacht immer noch als „Freinacht". Solange durch das Freinachttreiben kein Schaden angerichtet wird, wird es von allen Mitmenschen humorvoll aufgenommen.

Maibaum

Vor etwa 400 Jahren wurde in manchen Alpendörfern die ersten Maibäume aufgestellt. Wie früher ist auch heute der Maibaum ein Zeichen für den Zusammenhalt und den Wohlstand einer Gemeinde. Viele müssen zusammenhelfen, bis so ein Maibaum schön geziert auf dem Dorfplatz steht. Das Aufstellen der Maibäume in unseren

Gemeinden ist erst in den letzten hundert Jahren in das Brauchtum so richtig aufgenommen worden.

Einen „Maien" setzen

Weit älter und viel verbreiteter als das Maibaumaufstellen ist in Schwaben die Gepflogenheit, seiner Liebsten einen „Maien" zu setzen. In den Landkreisen Günzburg und Dillingen blüht dieser schöne Brauch wie eh und je. Schon Wochen zuvor durchstreifen die Burschen die Birkenhaine und suchen nach schön gewachsenen Bäumchen, etwa zwei Meter hoch. Im Morgengrauen werden dann die Birken geholt und der Liebsten vor ihrem Kammerfenster in den Garten gesetzt. In diesem Maienholz steckt die Bedeutung, das aufbrechende frische Grün seiner Geliebten zu bringen. War es erst eine zaghafte Liebe, blieb das Bäumchen ungeschmückt. War die Liebe zur Angebeteten schon inniger, dann flatterten auf dem „Maien" weiße und rote Bänder im Morgenwind. Groß war die Freude der Mädchen, wenn sie am Maimorgen erwachten und ein frischer Liebesgruß vor ihrem Fenster ihre Verehrung in aller Öffentlichkeit bestätigte. Diese Bäumchen blieben dann den ganzen Monat Mai an ihrem Platz. 1977 erlebte ich diesen liebenswerten Brauch in Königsbrunn in der Brunnenbachstraße. Der Verehrer von Erika kam aus dem Dillinger Landkreis. Bei meinen Maifahrten durch diese nördlichen Landkreise habe ich in manchen Dörfern schon zehn und mehr solcher Liebesbeweise entdeckt. Auf ihr Burschen, laßt diesen schönen Brauch auch bei uns wieder aufleben! Es müssen nicht gleich Bäumchen gefällt werden. Geschmückte Birkenzweige ehren und erfreuen die Mädchenherzen ebenso.

Die alten Lechauen
Altwasser und Tümpel

Erst in den 20er Jahren ist der Lech begradigt worden, man hatte den wilden Gebirgsfluß in ein Steinkorsett gezwängt. Bis dahin waren die Lechauen voll von Altwassern, Inseln, Lagunen und Tümpeln. Die Auwälder waren ein unberührter Dschungel. Ein wahres Paradies für die Jugend, täglich konnte man Neues entdecken, seltene Pflanzen, die man auf den Wiesen nicht finden konnte. Jedes Hochwasser brachte Samen aus der Gebirgswelt mit. Der Lech gab auch die Voraussetzungen für ihr Gedeihen. Die charakteristischen Kalkalpenbewohner konnten sich auf dem Lechkies heimisch fühlen. Man fand: Alpenaurikelchen, Feuerlilien, Bergeisenhut, die verschiedensten Enziane und viele andere Sorten. Damals war der Lech noch sehr fischreich. Aber seit er geradeaus fließen muß, finden die Fische kaum noch Laichplätze, und ohne Fischbrut gibt es keinen Fischbestand. Die großen Altwasser waren reiche Jagdreviere für die Königsbrunner Buben. Jede Bubenhorde hatte ihren eigenen, hart verteidigten Tümpel. In diesen Teichen, zu denen oft kein Weg führte, wimmelte es nur so von Viehzeug: Fröschen, Kröten, Kreuzottern, Ringelnattern und Blindschleichen.

Aber auch die Fischbrut entwickelte sich in den Altwässern prächtig. Vieles Getier verschwand in den Hosentaschen, in Gläsern und Büchsen. Mancher Siedler schnalzte mit der Zunge, wenn sein Lausbua für den Sonntag eine Forelle, eine Äsche oder gar einen Hecht auf den Tisch brachte.

Die Auwälder mit ihrem dichten Strauchwerk, dem nahen Wasser und auch den trockenen Stellen boten den verschiedensten Tierarten trefflichen Lebensbereich. Mit Vorliebe hausten am Lechufer und an trockenen Flußrinnsalen der Iltis und das graue Wiesel. Hasen, Fasane, Wachteln und Schnepfen lebten gesichert im Unterholz. An Vögeln horsteten außer Krähen besonders Elstern, Eichelhäher, Turmfalken und Sperber. Ende Mai, wenn die jungen Raben flügge wurden, kletterten die Buben nach der Schule gern auf die hohen Bäume, griffen sich einen furchtbar krächzenden Jungraben und brachten ihn dem Käser am Neuhaus. Der war ein Feinschmecker und sagte oft: „A jung's Rabenleible schmeckt mir besser als a Täuble!" Die Buben bekamen für jeden abgelieferten Raben einen großen Romadour.

Der Fegsand

Nach dem 2. Weltkrieg wurde der Forggensee gebaut. Seit dieser Zeit hat der Lech als reißender Gebirgsfluß alle Schrecken verloren. Zuvor gab es jedes Frühjahr für die Lechanwohner bange Tage und Wochen. Wenn die kraftvolle Frühjahrssonne innerhalb weniger Tage den Schnee schmolz, stiegen die Fluten über die Ufer, und alle Orte am Fluß hatten höchste Alarmstufe. Die strudelnden Wasser zeigten ihre Gewalt und rissen mit, was ihnen im Wege stand. Normalerweise führte der Lech pro Sekunde 27 cbm Wasser mit sich. Bei einem Hochwasser 1901 waren es 714 cbm pro Sekunde. Dieser ungewöhnliche Wasserschub schreckte damals die Augsburger Bürger auf. Doch weit gefährlicher waren die Wassermassen vom 16. und 17. Juni 1910 mit 1200 cbm pro Sekunde. Die Fluten wälzten sich durch die Jakobervorstadt und die damaligen Dörfer Hochzoll und Lechhausen. Das Hochwasser stieg in Lechhausen bis über die Altarstufen von St. Pankraz. Wenn nach einigen Tagen die Wasser wieder zurückgelaufen waren, erlebten die Königsbrunner Buben in den Auen eine wilde Landschaft voller Überraschungen. Büsche und niedere Bäume waren geknickt, und im Geäst hatte sich allerhand verfangen; ein emailliertes Nachthäfele, Stoffetzen, ein verbogener Vogelkäfig, ein Gartentürle, alte Ofenrohre und eine Unmenge Treibholz. Früher wurde alles aufbraucht und nur, was sich nicht verbrennen ließ, wurde fortgeschafft. Eine Mülldeponie gab es noch nicht. Wohin damit? Also kippte man unbrauchbares Gerümpel in Wasserläufe, in der Hoffnung, nach dem nächsten Hochwasser wieder reinen Tisch zu haben.
Da man weiß, daß jedes Ding zur schlechten auch eine gute Seite hat, waren die Königsbrunner Siedler dem Lech für seine alljährlichen Überschwemmungen dankbar. Diese aufgescheuchten Wassermassen, die jedes Frühjahr talabwärts schäumten, waren nicht grün, auch nicht bläulich, sondern milchig trüb. Das kam von dem feinen Sand, der durch das gegenseitige Abschleifen der Kieselsteine entstand. Wenn nach wenigen Tagen die Wasser wieder in das Flußbett zurückgelaufen waren, leuchteten die Waldpfade weiß von feinstem Sand. In dieser Zeit zogen viele Königsbruner in die Auen und sammelten

den Sand in den flachen Wegsenken ein. Dieses fein gemahlene Mineral wurde von Augsburger Hausfrauen gerne zum Fegen von Messern und Gabeln, Schüsseln, Pfannen und Töpfen genommen, auch die Holzfußböden wurden damit geschrubbt, denn IMI und ATA waren damals noch unbekannt. Der Sand mußte aber ganz rein sein, nur

beste Ware ließ sich verkaufen. Er machte viel Arbeit. Zu Hause wurde er mehrmals gesiebt, bis er fein wie Puder war. Im Einspänner oder auch im Handwägele wurde er durch Augsburgs Gassen gefahren. Auf den Ruf „Fääägsand" kamen die Frauen und Dienstmädchen und kauften den weißgrauen Sand. Zwei Liter kosteten 20 Pfennig, vier Liter 30 Pfennig. Die meisten Bauern hatten ihre Stammkundschaft.

Sagen und Legenden
Der Lechgeist

Dort, wo heute der große Lochbachwasserfall ist, dehnte sich einst ein weites Altwasser aus. Mit seinen Fischen hauste dort ein Wassermann. Er war klein von Gestalt, aber auf seinem hechtgrauen Körper saß ein riesiger Kopf und aus dem fahlen Gesicht stachen feuerrote Augen, der große Mund war von einem langen, weißen Bart umrahmt. Trotz seines erschreckenden Aussehens war der Lechgeist nicht bösartig, nur durfte man seinen Frieden nicht stören, denn er wollte mit seiner Fischbrut alleine sein.

Einmal schickte der Neuhauswirt seine zwei Buben in die Nepomukkapelle, sie sollten die Abendglocken läuten. Anstatt sofort nach Hause zugehen, wie es sich für ordentliche Kinder geziemt, strolchten die beiden noch hinüber in die Lechauen. Die ersten Fledermäuse flatterten bereits im Zickzackflug durch die laue Sommerluft, und im nahen Wald sang eine Drossel ihr Abendlied. Die Buben blieben stehen und horchten. Plötzlich deutete einer der beiden erschrocken zum Waldrand und rief entsetzt: „Der Lechgeist!" Beide rannten davon.

Weil aber der Wassermann ein gutes Stück entfernt war, wurden die zwei Streuner keck und riefen ihm Schimpfnamen zu. Da wurde der Lechgeist wütend, erhob sich aus der feuchten Niederung und eilte, wie vom Winde getrieben, auf die beiden Buben zu. Als die Spötter das sahen, packte sie das Grausen, und so schnell sie konnten, rannten sie heimwärts. Der Wassermann scheute indes die Nähe der Menschen nicht und setzte den Buben nach.

In ihrer riesengroßen Angst erreichten sie mit letzter Kraft das Neuhaus, sprangen hinein und schlugen die Haustüre zu und stemmten sich von innen dagegen. Draußen fauchte zornig der Geist und rüttelte wütend an der Türe. Ein Brandgeruch begann aufzukommen und wehte in feinen Schwaden durch die Türritzen in den Flur, und als man später vorsichtig die Haustüre öffnete, sah man, daß der feurige Atem des wütenden Lechgeistes den hölzernen Türrahmen versengt hatte. Noch lange konnte man das Brandmal an der Haustüre als sichtbares Zeichen des erzürnten Lechgeistes beschauen. Die beiden Buben aber mußten ihre Bosheit bitter büßen. Von Stund an sauste und brauste es in ihren Ohren, als ob ununterbrochen ein Wasserfall um sie toste. Eines Tages konnten sie dieses Rauschen und Brausen nicht mehr ertragen. Sie liefen, wie man ihnen geraten hatte, klopfenden Herzens hinaus zum Altwasser, brachten dem Lechgeist einen Laib Brot und sprachen dabei: „Wassermann, Wassermann, eins, zwei drei! Nimm dir den Laib und mach uns frei, vom Rauschen und Tosen in unserem Ohr, auf daß wir hören der Glocken Chor". Der Lechgeist war versöhnt. Gesund und heilfroh kehrten die Buben wieder zu ihren Eltern zurück.

Die Türkenlaterne

Die Pfarrkirche St. Ulrich der Stadt Königsbrunn birgt eine alte gotische Monstranz, deren Herkunft dunkel ist. Die Überlieferung weiß zu erzählen:
Es war an einem Spätherbsttag des vorigen Jahrhunderts. Für eine Königsbrunner Bauernfamilie aus dem „Rußland" ging ein arbeitsreicher Tag zu Ende. Müde kehrten sie von der Feldarbeit heim, und die Kinder liefen frierend und hungrig ins Haus. Dort war es aber noch kalt, und keine wärmende Mahlzeit stand bereit, denn die Großmutter, sonst Hüterin des Hauses, lag krank im Bett und konnte seit einigen Tagen nicht mehr mithelfen. Die Kinder stürmten ins Zimmer der Großmutter und sahen dort im Halbdunkel eine Gestalt auf dem Stuhl sitzen. Kaum hatten sie den Besucher erkannt, flogen sie ihm schon freudig entgegen und begrüßten ihn.
Es war ihr lieber Pfarrer Kugler. Nun traten noch die Eltern der Kinder ein und begrüßten den geschätzten Gast auf's herzlichste. Der Pfarrer drückte die schwieligen Hände der Bauersleute und hörte ihre Sorgen an. Er kannte das harte Los seiner Königsbrunner und wußte, wie wenig Früchte sie aus dem steinigen Boden ernteten. Während Vater und Mutter nun das Vieh versorgen mußten, plauderte der Geistliche noch weiter mit der Kranken. Darüber wurde es dunkel. Als sich der Pfarrer verabschieden wollte, trat der Bauer ins Stüble und sprach: „Hochwürden, draußen nieselt's und stockfinster ist's. Da finden's auf unsere Weg'fei net alloi hoim. I geb Ihna a Liacht mit". Der Pfarrer lehnte zuerst dankend ab, als er aber vor die Tür trat und weder Weg noch Steg sah, war er doch um das Angebot froh. „Hansel!" rief der Vater ins Haus, „bring die Latern' und leucht dem Herrn Pfarrer auf'm Hoimweg". Die Mutter steckte den Buben in einen festen Kittel und zog ihm die Mütze über die Ohren. Dann nahm der Knabe die Leuchte und trat mit dem Geistlichen in die Dunkelheit hinaus. Der Bub hätte den Weg, den er ja täglich zur Schule ging, wahrscheinlich auch im Dunkeln gefunden. Er schritt daher sicher mit dem Licht voraus, und der Pfarrer folgte ihm.
Das Nieseln ging allmählich in einen starken Regen über, und dem

Hansel erschien der Weg zum Pfarrhof doppelt so lang als sonst. Kein Mensch begegnete ihnen bei diesem Unwetter. Am Ziel angelangt, wollte der Bub gleich wieder nach Hause gehen, aber der Geistliche gebot ihm, sich des triefenden Mantels zu entledigen und in seiner Wohnstube Platz zu nehmen. Behagliche Wärme umfing sie, und ein angenehmer Duft von Honigkuchen und Bratäpfeln lag im Zimmer. Der Seelsorger hieß dem Buben bei den Leckerbissen tüchtig zuzulangen. Da wurden die Augen des Pfarrers plötzlich groß, denn jetzt erst sah er, welch schöne Laterne ihm soeben den Weg gewiesen hatte. Er stellte sie vor sich auf den Schreibtisch und betrachtete die kupferne Leuchte von allen Seiten. Nachdenklich sprach er vor sich hin: „Die ist sehr, sehr alt!" Dann wandte er sich an den eifrig kauenden Buben und fragte: „Hansel, woher habt ihr die Laterne?"

Der Bub schaute erstaunt auf und antwortete: „Die Türkenlaterne? Die haben wir schon lang, die stammt noch vom Großvater. Der war einmal beim Ackern im 'Sauriedle'. Da hat er sie mitgebracht".

Der Pfarrer forschte weiter: „Hat dir der Großvater auch erzählt, wie er sie gefunden hat?" „Ja", meinte der Hansel, „da gab es beim Ackern einen Ruck, und der Pflug war ihm aus der Furche gesprungen. Die Kühe hielten gleich, und der Großvater sah, daß er mit der Pflugschar einen mächtigen Stein ausgelöst hatte. Er bückte sich, hob den Stein weg und fand darunter die Türkenlaterne". Wieder blickte der Pfarrer nachdenklich auf den matten Schein des Kupferblechs. „Da hat der Großvater, Gott hab in selig, ein wertvolles Stück gefunden", sprach er bedächtig weiter. „Sie muß schon sehr lange unter diesem Stein gelegen haben. Alle Linien an dieser Laterne streben nach oben und weisen zum Himmel. In diesem Stil baute man vor einigen hundert Jahren Häuser und Kirchen, es war die Zeit der Gotik". Der Pfarrer erhob sich und schritt nachdenklich im Zimmer auf und ab. Ein Gedanke reifte in ihm. Wenn ein Goldschmied diese Laterne auf einen passenden Fuß setzte, dann . . . ja, dann erhielt die Pfarrkirche die langersehnte Monstranz. „Hansel", fragte er den Buben, „warum sagt ihr eigentlich Türkenlaterne?" „Hm", meinte dieser, „so hat der Großvater immer gesagt, und deshalb nennen wir sie auch so". „Bub" sprach jetzt der Pfarrer, „wegen der Laterne muß ich unbedingt mit deinem

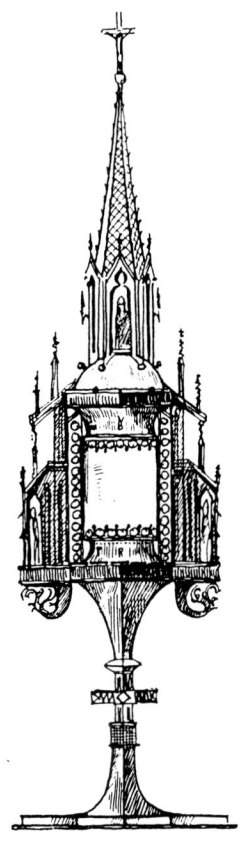

„Türkenlaterne" Monstranz der Ulrichskirche

Vater sprechen. Sage ihm, daß ich morgen nochmals zu euch hinauskomme".

Dann wurde der Hansel mit vielen guten Wünschen und seiner „Türkenlaterne" nach Hause geschickt. Der Bauer überließ am nächsten Tag dem Herrn Pfarrer Kugler die Laterne und war stolz, für die Ausstattung des Gotteshauses auch etwas beigetragen zu haben.

Ein Augsburger Meister faßte die altehrwürdige Laterne und vergoldete sie. Seither steht sie an Festtagen zu Ehre Gottes am Hochaltar der St. Ulrichskirche.

Irrlichter über dem Lechfeld

So armselig die Verhältnisse der ersten Siedler anfänglich waren, sie fühlten sich trotzdem in ihrer Weise glücklich. Hatten sie doch mit einem unbedeutenden Kaufpreis einen verhältnismäßig bedeutenden Grundbesitz erworben und dadurch einen eigenen Herd begründen können. Aller Anfang ist schwer! Ein unkultivierter Boden, mit nur einer Handbreit Erde über dem Kies, mußte erst für den Ackerbau vorbereitet werden. Die Hungerjahre von 1845 bis 1850 machten den Anfang wirklich schwer. 1845 war ein schreckliches Dürrejahr, und von 1847 bis 1850 vernichteten heftige Hagelschläge die gesamte Ernte.
Um ihren Viehbestand halten zu können, mußten die Kolonisten auch die Grasflächen auf dem Truppenübungsplatz Lagerlechfeld abmähen. Dort wuchs aber kein blätterreiches, süßes Futter wie auf den Wiesen; es war dünnes Steppengras, das noch nie einen Dung bekommen hatte. Dieses Gras ließ sich nur nachts mähen, wenn es taufrisch war. Für diese Tätigkeit banden sich die Bauern einfache Karbidlampen an das Knie, um ihre Arbeit kontrollieren zu können. Bei dieser Tätigkeit hatten die Siedler in manchen Nächten sonderbare Beobachtungen. Schwach schimmernde Flämmchen schwebten über dem Boden. Das waren Irrlichter. In ganz Europa galten sie im Volksglauben als die Seelen Verstorbener, die keinen Frieden finden konnten. Die meisten sollten von ungetauft verstorbenen Kindern stammen. Andere Irrlichter konnten den Menschen gefährlich werden. In ihnen glaubte man die umherirrenden Seelen von Leuten, die Grenzsteine verrückt, Land abgepflügt oder die im Freien eines gewaltsamen Todes gestorben waren, zu sehen. Frevler an der Unverletzbarkeit der Ackergrenze traf der Fluch des Irrlichtes. Sie sollten nie zur Ruhe kommen. Heute kennen wir das Geheimnis der Irrlichter.
Entweder waren es phosphoreszierende Holzstücke, die aufleuchteten, oder es war Sumpfgas, das durch Selbstentzündung aufflammte. Auch Johanniswürmchen mit ihren Leuchtorganen am Hinterleib schwirrten als Irrlichter über die Wiesen. Einmal umgaukelte so ein

Glühwürmchen einen nächtlichen Grasmäher. Er fing das Tierchen ein, steckte es in eine Streichholzschachtel und wollte es seinem Kind bringen, das seit Tagen mit hohem Fieber im Bett lag. Als der Vater in das Krankenzimmer trat, war es noch dunkel. Die Großmutter saß beim Buben und trocknete ihm immer wieder die fiebernde Stirn. Der Vater öffnete die Streichholzschachtel, und das Leuchtkäferchen schwirrte zum Fenster hin. Auf dem Vorhang blieb es sitzen. Er wollte das Tierchen wieder aufscheuchen. Die Großmutter wehrte: „Laß uns diesen Lichtpunkt! Das Kind soll sich daran erfreuen". Für den kleinen Buben war es ein „Glückskäfer". Von Stund an ließ das Fieber nach, und wenige Tage später war er wieder gesund.

Königsbrunner Erinnerungen

Viktoria Weiner

1883 in Königsbrunn geboren, interviewte ich Frau Weiner an ihrem 91. Geburtstag in ihrem Haus neben der Kirche St. Ulrich. Durch dieses eineinhalbstündige Gespräch bekam ich einesteils eine Original-Königsbrunner Mundart auf Band; zum andern erfuhr ich dadurch viel Neues aus der Vergangenheit unserer Stadt. 1896 wurde sie aus der Volksschule entlassen. Nach fast 80 Jahren konnte sie noch die meisten Gedichte auswendig vortragen, die sie in ihrer Schulzeit gelernt hatte.
Mit 14 Jahren kam sie in die Spinn- und Weberei Haunstetten. Über 20 Jahre arbeitete sie dort im Akkord. Sie schaffte täglich, auch samstags, von 6 Uhr bis 18 Uhr bei einem Tageslohn von 1 Mark. Als Mädchen wohnte sie beim Neuhaus. Sie mußte also 1 1/2 Stunden zur Arbeit hinlaufen und am Abend wieder 1 1/2 Stunden zurück. Als sie sich später ein Fahrrad kaufen konnte, ging es leichter. Wie die Maurer, Waldarbeiter oder Fabrikler nahm sie sich für die Mittagspause in einem Blechkessele ihr Essen mit. In der Wärmstube konnten die Arbeiterinnen ihr Essen aufwärmen. Die Mahlzeiten waren denkbar einfach: Kartoffeln und Kraut oder einfache Schupfnudla, doch nie

ein Stück Fleisch. Nur am Montag freute sich Viktoria auf ihr Essen besonders, denn am Sonntag gab es bei ihr zu Hause Knödale in der Suppe. Vorsorglich entnahm die Mutter dieser Sonntagssuppe stets 3 Knödel und legte sie der Tochter in ihr Töpfle. An einem Montagmorgen im Winter radelte die junge Viktoria mit ihrem Essensnäpfle an der Lenkstange ihrer Fabrik zu.

Die Straße war vereist, deshalb rutschte sie mit dem Rad, stürzte, und ihr Essen war ausgelaufen. Die gute Suppenbrühe zerrann am Boden, doch ihre Knödel ertappte sie sich im Dunkeln. Eilends setzte sie ihre Fahrt fort. In der Wärmstub' goß sie an der Stelle der Suppe kurz Wasser auf und schob ihren Napf in die Ofenröhre. Dann eilte sie an die Arbeit. Doch in der Mittagspause war sie starr vor Schreck! In ihrem Kessel fand sie in der dünnen Suppe nur zwei Knödel und einen – Roßbollen.

Josef Melder

Er war der Vater von Frau Viktoria Weiner, der Großvater von Frau Wilhelmine Kunzi und der Urgroßvater von Hermann und Willi Kunzi. Lange Jahre war er königlich-bayericher Straßenwärter, später Straßenaufseher und zuletzt Oberaufseher in Königsbrunn. Die Staatsstraße Augsburg – Landsberg von der Föllstraße bis zum Handtuchwald war sein Revier. Täglich mußte Josef Melder seine Strecke abgehen. War es nötig, mußte er sie mit Straßenbesen und Schaufel von „Kuhdreck und Roßbollen" säubern. Damals waren die Straßen noch nicht geteert, nur bekiest. Regen und die eisenbereiften Wagen haben sie daher arg geschunden. Ständig mußte der zusammengefahrene Dreck abgekratzt und die Fahrlöcher neu beschottert werden. Mit dem „Wiesenbeil" schaffte er Wasserabläufe zu den Straßengräben. Die Königsbrunner Lindenallee, die in den 60er Jahren dem vierspurigen Straßenbau weichen mußte, hatte er 70 Jahre zuvor gepflanzt. In der Uniform des königlich-bayerischen Straßenwärters mit Dienstmütze, blauem Uniformkittel mit hellblauen Stulpen, „goldenen" Knöpfen und einer schwarzen Hose war er im Dorf eine Respektperson. Bei Fronleichnamsprozessionen und Bittgängen zog er in seiner schmucken Uniform voran. Auch den Leichenzug, der früher immer vom Hof aus ging, führte er an.

Nebenberuflich war Josef Melder Jagdaufseher für die Fluren von Königsbrunn. Wegmacher war er zum Broterwerb; doch Jäger war er aus Leidenschaft. Von Haus aus war er eine Frohnatur, und die Jägerei für ihn ein Lebenselixier. Wenn er am Feierabend sein Arbeitsgewand mit dem Jägerkittel vertauschte und sein Hütle mit der Birkenhahnfeder auf den Kopf setzte, dann war er ein anderer Mensch geworden. Gern saß er mit seinen Königsbrunner Jagdfreunden Scheifele und Haslacher zu guten Stunden im Neuhaus am kleinen Jägertisch. Je kleiner der Tisch, desto näher rückte man zusammen, umso gemütlicher plauderte es sich. Hier entwickelte er sein Erzähltalent, und oft wurde es ein Jägerlatein. Dem Josef leuchteten voll Stolz und Freude die Augen, denn er wußte immer ein halbes Dutzend wunderliche Geschichten und derber Jägerspäße. Seine Zuhörer glaubten ihm

nichts, doch zuglost (zugehört) hab'ns ihm gern. Und nach jeder Geschichte setzte er hinzu: „Wenn ihr mir's net glauben wollt, lüg ich euch gern was anderes vor". Er war ein zünftiger Jäger, alle hatten ihn gern. Betrunken war er nie, doch lustig alle Zeit.
Der Unternehmer Martini von Haunstetten war jahrzehntelang Jagdherr auf der Königsbrunner Flur. Mit dem Herbst kamen Jahr für Jahr die großen Treibjagden. Das war ein Fest fürs Dorf. Viele Kleinhäusler ließen sich als Treiber anstellen. Reich war jedesmal die Beute auf den Königsbrunner Fluren. Früher war unser Ackerboden noch gesund, übersät mit vielen Wildkräutern, und die waren Nahrungsgrundlage zahlreicher Insekten und Tierarten. Die Giftspritzerei unserer Zeit hat zwar eine Überproduktion gebracht, aber dabei wurde vieles in der Pflanzen- und Tierwelt zerstört.
Bei den Treibjagden wurden vom Niederwild 700 bis 800 Hasen erlegt, außerdem noch einige Dutzend Fasane, Rebhühner und Wachteln. Dazu kamen in jedem Herbst 80 bis 100 Rehe. Kein Wunder, daß solche Abschüsse im Neuhaus gebührend gefeiert wurden. Hier zeigte sich der Jagdherr gegenüber Schützen und Treibern sehr splendid. Wenn nach einem üppigen Mahl die steinernen Krüge wieder gefüllt und die Pfeifen in Brand gesteckt waren, dann wurde es in der Wirtsstube immer lauter. Karten und Sprüche wurden geklopft bis spät in die Nacht hinein.
Zum Schluß war nur noch der harte Kern geblieben.

Der Marder

Josef Melder war als Jäger am Stammtisch im Neuhaus in seinem Metier und erzählte ungehemmt seine spaßigen Geschichten: „In einer kalten Winternacht wütete ein Marder oder Iltis im Hennastall vom Jakob Sigmund im Rußland hinten. In seiner Not kam der Sigmund zu mir und bat mich: „Wenn du mir das Vieh vom Hals schaffst, kriagst a schöne Suppahenn' und 20 Eier obadrei". Am anderen Tag marschierte ich los und brachte meine selbst ersonnene Marderfalle mit. Fenster und Löcher im Mauerwerk wurden geschlossen und ver-

stopft; nur der Hennenschlupf blieb offen. Dahinter baute ich meine Schlagfalle mit einem Ei als Köder auf. Dann mußte ich dia Fall noch mit Hennadreck einreiba, sonsch riacht der Marder da Menscha und loßt se nia derwischa. So, des stinkt jetzt ordentlich! Sobald der Kerle hungrig isch, kommt er auch!"
Drei Tage später wollte ich nach dem Räuber sehen. Frohgelaunt kam mir schon der Sigmund entgegen: „Jäger, wir ham Glück g'habt. Schon seit der zweiten Nacht hängt der Marder bocksteif g'frora in der Fall". Ich freut mich über den Fang, heimste meinen Lohn ein, hängte den toten Marder über die Schulter und lief heim. Und was passiert isch, des werdet ihr kaum glauba. Damit i dem Marder am anderen Tag leichter 'a Fell abziaha ka, hab i ihn übers Trockeng'stell am Ofen g'hengt und bin ins Bett. Mitten in der Nacht weckt mi mei Alte: „Hörscht, des isch's Hexle, der befzgt und rennt in der Stuba rum, schmeißt leere Bierflaschen um, wie d'Keil auf der Kegelbahn!" Im Nu war i drunten, reiß die Tür auf und was seh i? In der Stubenwärm muaß der Marder wieder lebendig g'worda sei, denn der hot mit meinem Hexle Fangerlings g'spielt. Und wenn ihr mir dia G'schicht net glauba wollt, lüg i euch gern was anderes vor".

Der Milan

„Dia G'schicht liegt scho etliche Johr z'ruck. Damals hab i no mei Waschtale g'habt. Von Anfang a war er a g'rings Hundle. Aber fleißig war er immer und g'forchta hot er sich vor gar nix. Im Alter war er dann a schmächtigs Herrle g'worda. Seine Liachter sind allmählich trüb g'worda, die Nas trocka und stumpf und seine Ohra wara nur noch zur Zierde am Kopf. G'hört hot er nimmer viel. Sein Gnadabrot hot er halt no kriagt, des hot er sich doch wohl verdient. Zur Jagd hot er nimmer taugt, nur bei de Kontrollgäng durch die Flura hab i ihn noch mit'-gnomma und des hot ihn g'freut.
Des Frühjohr war grad im Kommen. Der lange Winter hot alle Tierla draußa hungrig g'macht. Do streicht bei einem Kontrollgang von de Lechaua rüber a Milan. Ein Prachtexemplar von einem Raubvogel. Ich stutz. Mei Hundle hot natürlich nix wahrgn'omma und isch weiter-

g'laufa. Eh ich zum Überlege komm, stoßt der Milan vom Himmel, greift mit seine messerscharfe Kralla mei Waschtale und steigt hoch. Ich reiß mei Büchs von der Schulter, der Schuß knallt und der Raubvogel schlagt ins Feld".
„Ja, und was war mit deim Waschtale?" „Der muaß den Schuß net g'hört habn, denn der isch weiterg'floga. Des isch g'wiß wohr und wenn ihr mir's net glauba wollt, lüg i euch gern was anderes vor".

Billiges Hundefutter

Wenn Josef Melder als Jagdaufseher seinen Reviergang beendet hatte und noch Durst verspürte, führte sein Weg stets am Neuhaus vorbei. An parkenden Kutschen und Planwagen konnte er leicht abschätzen, ob Fremde zugekehrt waren. War dies der Fall, trat er in der Hoffnung ein, daß sein alter Trick auch heute wieder zum Zug kommen würde. Er setzte sich an den kleinen Jägertisch, klopfte seinem Muckl das weiche Fell und sprach laut, so daß man ihn verstehen konnte: „Ja, du bisch a g'scheits Hundle, und a Schneid host du, in jeda Fuchsbau traust dich nei, des schafft fei net jeder!" in der Vorfreude, was kommen wird, macht der Muckl aus dem Stand Luftsprünge in Tischhöhe. Jetzt, wo die Leute auf den Jäger und seinen Hund aufmerksam geworden waren, ließ dieser die Katze aus dem Sack: „Ja, du bisch a Teufelskerl. Nur eins versteh i net, do schlagst du vollkommen aus der Art deiner Hunderaß. Du rührst koi Fleisch a und koi Wurstzipfel!" Da staunten die nichtsahnenden Gäste. „Das gibt es doch nicht!" entfuhr es manch Ungläubigem. „Doch, doch, wenn i Ihna sag, a Kraut mit Schupfnudla, a Brot sowieso, und Zwetschgaknödl, dia mag er, weils süaß sind. Und a Gelbsrubagmüas, do schleckt er da Hafa leer. Alles mag er, nur nix Fleischigs!"
So angestachelt hat manch ungläubiger Thomas es ausprobieren müssen. Wenn dann sein Muckl schon beim ersten Fleischbrocken wie ein ausgehungerter Wolf drauflosschoß, schüttelte der Jäger entgeistert den Kopf, und unschuldsvoll bekannte er: „Ja gibts denn sowas au, und derhoim isch er a so hoikl!"

Stammtisch im Neuhaus

1890 – Samstag abend im Neuhaus

Seit die Eisenbahn allen Transport an sich gerissen hat, fragen nur noch wenige Leute im Neuhaus nach einem Quartier. In der hintersten Ecke der großen Wirtsstube verzehren drei Handwerksburschen, die auf der Walz sind, bescheiden ihr Stückle Käs mit einem Ranken Brot. Dazu trinken sie einen Krug „Scheps-Bier". Das war ein eigenes, für die Erntezeit gebrautes Bier, halb so stark, deshalb auch halb so teuer. Am Stammtisch hocken der Jäger Scheifele, der Maurer Sigmund aus dem Rußland, der Kleinhäusler und Besenbinder Karl Benz und der Ignaz, den jeder in der Gegend als Hochzeitslader und Leichenbitter kennt.
„Das sind nixige Zeita", jammert der Ignaz, „es mag neama meahr sterba".

„Du brauchscht doch net klaga, a weng a G'schäft got bei dir immer", sagt der Scheifele, „erscht die Woch hoscht dem alta Wittiber, dem Florian von Wehringa, der scho dreimol Witwer g'wora isch, zu seiner 4. Hochzeit g'lada".

„Was moint ihr, was der mir a'vertraut hot?" schmunzelt der Ignaz, Solang unser Herrgott nemmt, nehm ia au". Ein frohes Lachen war die Quittung für die Weisheit des Alten. „Der hot da Boga richtig raus", lobt der Besenbinder und philosophiert weiter: „s Weibersterba – koi Verderba; abers Gäulverrecka, des bringt Schrecka!" Welch bäuerliche Erfahrung liegt in diesem Ausspruch! Denn ein neues Pferd mußte um teures Geld gekauft werden, dagegen eine Hochzeiterin brachte weiteres Geld ins Haus. Da tut der Scheifele 's Maul auf und sagt: „I seh da Lauf von userm Leba grad wie da Lauf der Donau auf d'r Landkart. Zuerscht got's immer nur aufwärts. Von Ulm ab wird d' Donau durch d' Iller broiter. Do steckt's in ihrer Pupertät. Weiter go's bergauf! In Ingolstadt denk i mir dia beschte Mannesjohr und immer noch steigt's bis Regensburg. Do ham au mir da Höhepunkt im Leba erreicht. Von jetzt ab got's nur no bergab – d'Donau und unser Dosein. Mit 50 Johr stellat sich die erschte Wehwehla ei. Manche sterbe scho in Straubing, andere komma g'sunderweis bis Passau und dürfa dann froah sei, wenn's ohne Lamentiera d'Welt verlossa könna. Nur wenige komma a Stück bis Österreich nei". „Doch sterba müssat alle, ob arm oder reich, und des isch guat so", moint der Benz.

„A Toil Leut stirbt ganz leicht, und manche bringt's schier um", ergänzt der erfahrene Leichenbitter.

„Komm hörat jetzt des Sinniera auf, 's Leabe isch schöa, bloß soll ma a weng meahr Geld haba", moint der Sigmund und denkt an seine sieben Buaba. Da zieht der Scheifele die Augenbrauen hoch, erinnert sich an seinen Jagdherren, den Herrn Martini, der zwar viel Geld, aber auch viel Ärger in seiner Fabrik hat, und sagt: „Wo viel Geld isch, isch der Teufel". „Und wo koins isch, do isch er zwoimol", ergänzt der Besenbinder. „Rosl bring d'Karta her, jetzt spiela mir no oins", ruft der Scheifele. Der kleine Ignaz wehrt gleich ab: „I muaß hoim, i hab's meim Weib versprocha, i muaß no d'Goißa melka!" „Ja guckat den a, der hot mehr Ausreda als a junger Hund Flöah!" lacht der Sigmund,

mischt die Karten und gibt aus. „Zünd d'Petroleumlampa a", sagt der Wirt zur Rosl. „sonscht sehat die Kerle ihre Trümpf net".
Da treten die ersten Bauern in die Wirtsstube. „Isch d'r Bader Franzl heit noch net do?" fragt einer.
„Bin scho do!" klingt die helle Stimme des ankommenden Baders vom Hausgang her. Mit schnellen Schritten tritt der behende Figaro in die Wirtsstube: „Alle werd's heut no g'schabt. Am Sonntag muaß koiner seine Bartstoppla wie a räudiger Igel herumzoiga".
Die Woche über ist der Bader mehr Wundarzt. In seinem Arzneischränkle verwahrt er geheimnisvolle Mixturen neben lindernden Salben in hölzernen Spanschächtala. Dazwischen liegen Wunderbalsam und schnell wirkende Krampfpülverle, denn „Böas muß durch Böas vertrieba werda". Zwischen seinen Mischungen stehen auch runde und sechseckige Fläschla, schon die Flaschenform verrät, ob der Inhalt geschluckt oder nur äußerlich zum Einreiben bestimmt ist. G'schluckt oder einmassiert wird anstandslos alles, was der Bader seinen Patienten verordnet. So ein Heilkundiger besitzt eben das blinde Vertrauen seiner Bauern.
„Christian, setz dich schon her", sagt der Franzl zum ersten Kunden, hängt seinen Riemen an den Türhaken und wetzt in langen Zügen das Messer. „Gleich kommst dran!"
Einseifen und Bartschaben gehen beim Bader wie das Brezelbacken. Immer mehr Bauern kommen. Die Stube füllt sich. In den lauter werdenden Diskurs ertönt das abendliche Ave-Glöcklein von der Nepomukkapelle herüber.
Der Wirt mahnt: „Beatleita!" (Gebetläuten). Und sofort verstummen alle Geräusche in der Stube. Der Bader unterbricht das Einseifen, die Spieler legen die Karten auf den Tisch, die Katholischen bekreuzigen sich und beten still den „Englischen Gruß". Zuerst bimmelt das kleine Glöckchen, dann das ganz kleine. Nach dem letzten Ton der Armenseelenglocke bekreuzigen sich noch einmal die Beter, dann folgt wieder lauter werdend der gegenseitige Gruß: „Guata Obend!" Dem Herrgott wurde gegeben, was ihm gebührt.
Die Kellnerin wird danach sofort wieder emsig, der Bader seift weiter ein, und die Spieler knallen erneut die Trümpfe auf die Tische. Seit

der Franzl sein Geschäft in Königsbrunn eröffnet hat, ist der samstägliche Großeinsatz zum Schnauzbartstutzen und Kinnpolieren im Neuhaus. Seine Bude wäre auch dafür zu klein. Über diese praktische Lösung freuen sich die Bauern, der Wirt und der Bader. Der jubelt am meisten, weil er dadurch seiner Alten entwischen kann. Da führt er die Kasse. Apropos Kasse! Die Abrechnung ist einfach. Eine Halbe Bier kostet 10 Pfg., ein Schnaps 10 Pfg., eine gute Zigarre auch 1 Zehnerl und eine Brotzeit 20 Pfg. Eine Rasur bringt dem Franzl ebenfalls ein Zehnerle ein. Wieviele Rasuren jetzt in Bier, Schnaps und Zigarren umgesetzt werden, kann seine Alte nicht kontrollieren. Ha, ha, ha! Am Anfang rasiert der Bader ganz manierlich, aber je mehr ihm der Alkohol die Sinne verwirrt, um so unsicherer wird seine Hand. Doch ein Bader ist ein Christenmensch und weiß sich zu helfen. Wo Blut fließt, reißt der Franzl einen Fetzen von der Zeitung ab und drückt es dem Verletzten ins Gesicht. Durch das eigene Blut bleibt es für einige Zeit kleben. Manche haben drei und mehr Zeitungspflaster im Gesicht hängen. Zum Schluß glaubt man, in einem Lazarett zu sein. Glücklicherweise waren damals in Königsbrunn die Bazillen und sonstiges Kleingewürm noch nicht bekannt. Die Wirkung der Tetanusspritze war unseren Bauern noch fremd, und keiner ist an diesen Rasiermethoden zuschanden gegangen. Allerdings, die letzten Kunden hatten am meisten zu erdulden. Und wenn einer aufmuckte und sagte: „Geh Bader, schind mi net gar so!" Dann entschuldigte sich der Figaro: „Bei der Beleuchtung? Seid froh, daß ich ein Gefühlsmensch bin! Ich paß schon auf, daß die Katz net a Stückle von deinem Ohrwatschl erwischt."

Mancher Bauer klagt beim Rasieren dem heilkundigen Bader auch seine Wehwehla und ist glücklich, nach dessen Ratschlägen die Arztkosten gespart zu haben. Einmal jammert der Mayer Balthes über starkes Kratzen im Hals und ständiges Herzstechen. Beschwichtigend zieht der Franzl ihm das Rasiermesser über den Backen und spricht: „Dein Hals, den gurgelst jetzt zwei Tag fleißig mit Alkohol, dann wird er wieder guat. Und's Herz? Des wird durch des hochprozentige Heilwasser gleich mitkuriert. Dann bischt wieder in Ordnung!" Erfreut über eine solch angenehme Therapie geht der Balthes an die-

sem Abend beruhigt heim. Doch grad lustig wird's, wenn der Melcher Bene seine Gitarre nimmt und mit dem Singen anhebt: „Äpfelschnitz und Biraschnitz, Bayrisch Pomeranza, z'Wehringa macht ma's Käschtle auf und loßt die Affa tanza: An g'scheckatan Ochs, a bucklata Kuah, die gibt mir mei Vat'r wenn i heirata tua". Oder er singt von seinem Liebesleba, weil's grad raus muaß: „I sieh de wohl sitza, i sieh di wohl stau, i wollt di viel liaber im Arm dinna hau. In de Häusle kreiset d'Mäusle, d'Kätzle hockat vor em Loch. Dent au d'Jüngferle no so zümpferle, d'Buaba, dia derwischat's doch!"
So ein Samstagabend, das war ein Ausspann! Besser und schöner als heute ein Fernsehkrimi!

O, Maria hilf!

Im äußersten Zipfel von „Rußland" hauste der Kleinhäusler Joseph Zährle mit seiner Frau und sechs Kindern. Die kleine Hufe mit drei Kühen und zwei Geißen schafften die Frau und Kinder. Er fuhr jeden Morgen mit dem Rad nach Augsburg und verdiente sein Zubrot. Im Winter, wenn dieser Zuerwerb ausfiel, gab es oft hungrige Mäuler. Doch ab und zu konnte er seine Familie mit einem Sonntagsbraten erfreuen. Mit einem Brett und einem Stecken als Achse hat der pfiffige Sepp an seinem Kellerfenster eine Wippe eingebaut, die kürzere Brettseite steckte im Keller. Dort hinauf legte er ein Wischen Heu oder eine Gelbe Rübe. Wenn dann ein hungriger Hase durch die Gegend streifte und sich von dem Futter anlocken ließ, dann gehörte der Hase dem Zährle Sepp. Schon mehrmals hatte der Jäger Haslacher den Sepp erwischt, wie er gerade einem Hasen das Fell über die Ohren zog. Dreimal schon wurde er verwarnt; jetzt brachte es dem armen Schlucker eine Anzeige ein. Wochen später kam eine Vorladung vom Amtsgericht Schwabmünchen.
 An diesem Morgen konnte er beim Frühstück keinen Brocken hinunterbringen. Bangen Herzens bestieg er seinen Drahtesel und fuhr der Kreisstadt zu. Den frohen Morgengruß seines Spezels beantwortete er im Vorbeifahren mit einem mürrischen: "Du mi a!"

An diesem Morgen ärgerten ihn sogar die lustigen Sonnenstrahlen. Beim Pförtner vom Amtsgericht dreht er verlegen seinen Hut zwischen den Händen. Da erklang die Bärenstimme des Gewaltigen: „Wer sind' S'denn und was woll'n S'?" Durch eine solche schneidende Stimme sank sein Kopf automatisch tiefer. Der Sepp stotterte seinen Namen. Und messerscharf kam die Antwort: „Gehn s'nur rauf auf Zimmer 12. Der Herr Amtsrichter wartet schon auf Sie!" Mit pochendem Herzen stand der Sepp vor der Tür. Nach einem leisen Anklopfen donnerte ein lautes: „Herein mit ihm!" Und als der Sepp kleinlaut seinen Namen hervorgebracht hatte, fuhr der Richter im gleichstarken Ton fort: „Aha, so sieht der Wilddieb von Königsbrunn aus. Sitzen's a Weil hin!" Der Herr Amtsrichter gab jetzt im Flüsterton noch einige Anweisungen an seinen Gerichtsschreiber. Wie der Sepp so zerknirscht auf dem Armensünderbänkle saß, fiel ihm siedeheiß ein: „Mensch, i hab ja mei Radl net ab'gschlossa!" Und eiskalt lief es ihm über den Rücken hinunter: „Des wird mir doch net g'stohla werda?" In seiner Not fiel ihm die Wallfahrtskirche auf dem Lechfeld „Zu Unserer Lieben Frauen Hilf" ein. In dieser mißlichen Lage schickte er ein Stoßgebet zum Himmel und versprach: „Wenn i hier guat rauskomm und mei Radl noch da unten steht, dann mach i a Fahrt zur Klosterkirch und stift drei Mark für a dicke Altarkerzen".

Da schreckte die kräftige Stimme des Amtsrichters den Sepp von seinen Gedanken auf: „Also, Wilddieb, kommen's her und erzählen S". Und weil der Sepp von der Not in seiner Familie berichtete und weil er alles kleinlaut eingestand, wurde die Stimme des Richters versöhnlicher, und wie er merkte, daß vor ihm ein reuiger Sünder stand, endete die Begegnung mit einer Belehrung und einer Warnung, so etwas nicht wieder zu tun. Mit vielen Bücklingen verabschiedete sich der Delinquent. Erleichtert stieg er die Treppen hinab. „Wenn nur mei Radl do isch!" Und als er das Amtsgericht verlassen hatte, stieß er vor Freude aus: „Heut isch für mich wirklich a Glückstag!"

Voll Freude bestieg er sein Fahrrad und steuerte gleich der Wallfahrtskirche zu, um sein Versprechen einzulösen. Schon lange nicht mehr hatte ihn das Singen der Vögel und das Summen der Bienen so froh gestimmt wie jetzt. Mit festen Schritten betrat er die Kirche „Maria

Schimpfen und Fluchen nichts. Eine neue Runde ließ alle wieder lachen und man beratschlagte, was zu tun sei. Da sagte der Wirt, der ein arger Kauz war, zu dem schmächtigen Totengräber: „Du kannst doch den Viehhändler mit dem Luger seinem Schubkarren nach Haunstetten fahren". Die Idee wurde gut geheißen. Schnell kippte man die Kartoffelsäcke vom Karren und der dicke Viehhändler versprach dem Alois 5 Mark, wenn er ihn, ohne den Karren abzusetzen, bis zur Sonne nach Haunstetten bringe. Das Geld reizte den armen Schlucker und so schloß der Wirt sein Lokal und die ganze frohe Runde begleitete mit Bierflaschen unter den Armen den Viehhändler auf seiner nächtlichen Heimfahrt.

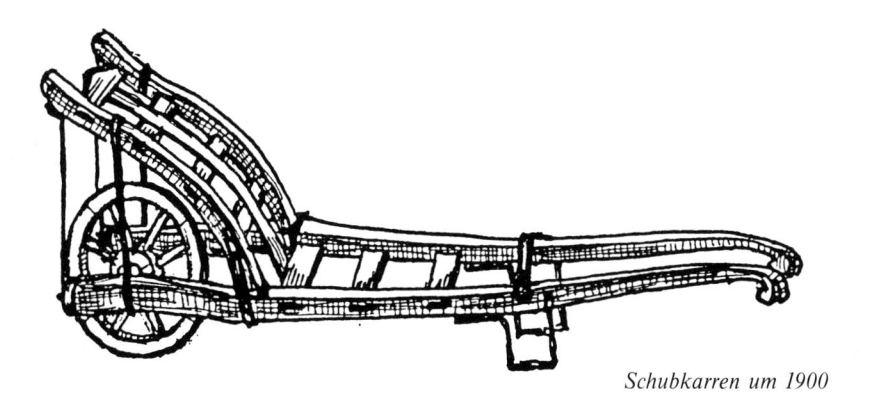

Schubkarren um 1900

Nie zuvor wurden die Anwohner der Hauptstraße so in ihrer Ruhe gestört, wie in dieser Nacht. Bis zur Ortsgrenze von Königsbrunn hielt sich der Alois tapfer, aber dann schwanden ihm allmählich die Kräfte, denn der Viehhändler lag wie ein Maltersack auf dem Schubkarren. So sehr auch die fröhlichen Begleiter den Alois anfeuerten, die letzten 200 Meter schaffte er nicht mehr. Der Viehhändler hatte aber ein Einsehen, zahlte die Wette doch und legte für den Spaß und wegen der besonderen Anstrengungen noch 1 Mark für eine Maß und eine kräftige Brotzeit dazu.

181

Von „Lutherbolla" und „katholischen Zipfeln"

Bis nach dem 2. Weltkrieg waren die Deutschen streng religiös erzogen. Der Sonntagsgottesdienst war für alle obligatorisch. Brüder in Christus? Ja, von wegen! Die Christen beider Konfessionen gingen sich nicht nur aus dem Weg, sondern auch aufeinander los. Der wechselseitige Verkehr zwischen Katholischen und Evangelischen war gleich null. Die gegenseitige Mißachtung und Verspottung war in Königsbrunn, wie überall im Land, wo beide Konfessionen aufeinandertrafen, an der Tagesordnung. Wen wundert diese Entwicklung? Die jungen Menschen beider Religionen waren von kleinauf getrennt. Getrennt in Kirche und Schule, sie waren sogar anders in Tracht und Kleidung.

Die schmale, einspurige B 17 zog sich bis 1963 durch das 7 km lange Königsbrunn. Die beiden Schulen lagen bei ihren Kirchen. Wo sich die Schüler begegneten, fielen Neckworte: „Luthrischer Bolla, hosch in Himmel nauf wolla. Bisch d'Leuter ra'gfalla, da lachat mir alle!" Die Evangelischen konterten lauthals: „Katholischer Zipfel, steig nauf auf da Gipfel, steig nunter in d'Höll, dann bisch dem Teifel sei G'sell!" Bei diesen Begegnungen kam es auch gelegentlich zu Raufereien. Die Neckworte waren hart gesprochen und auch so gemeint. Unter Erwachsenen konnte man schon hören: "Dia isch doch evangelisch, wieso geht dia zu einem katholischen Doktor?" So war es einmal.

Die Nördlinger Schweinemärkte waren die bedeutendsten in Süddeutschland. Aus hundert Dörfern im Ries kamen jeden Samstag die Landleute in die Stadt, um Korn und Vieh zu verkaufen und Kleidung und Dinge des täglichen Lebens mit nach Hause zu bringen. 1910 hatte ein Weißenburger im Stadtkern von Nördlingen eine Bauernwirtschaft gekauft. Doch der neue Wirt konnte sich nur kurze Zeit über seinen guten Umsatz freuen. Als die Bauern erfuhren, daß der neue ein Katholischer ist, bleiben sie praktisch über Nacht ihrer angestammten Wirtschaft fern und suchten sich ein neues Domizil.

Bis 1969 gab es in Bayern noch kath. und ev. Bekenntnisschulen. Eine Augsburger Junglehrerin wurde 1964 nach Appetshofen in das Ries versetzt. Sie war rasch heimisch geworden und fühlte sich dort sehr wohl. „D'Frau Lehrer kommt heit ganz katholisch daher", war die junge Lehrerin einmal von einer alten Bäuerin beim Kirchgang getadelt worden. Mit Kleidersitten im Ries noch nicht vertraut, wunderte sich die gebürtige Lechhauserin, was es an ihr wohl auszusetzen gäbe. Daß es das helle Seidenkopftuch war, das die alte Frau gestört hatte, merkte sie erst später. Im protestantischen Ries trug man an Feiertagen traditionsgemäß gedeckte, dunkle Farben. Ein weißer „Bod" dagegen, wie sie ihn ahnungslos aufgesetzt hatte, war den Katholischen vorbehalten. Diese Distanz zwischen den katholischen und evangelischen Christen ist in den letzten Jahren überwunden worden. Heute gehen die Menschen aufeinander zu. Heiraten untereinander sind längst selbstverständlich.

Freut euch des Lebens

Wilhelm Gatzmayr war von 1862 bis 1868 Pfarrer in Königsbrunn. Weil seine schwungvollen Predigten dem Volk gut gefielen, liebten sie ihren Pfarrer sehr. Er war redegewandt, oft sehr witzig und brachte auch bei Gesprächen frohen Mut in den Alltag seiner Gemeinde. Deshalb war er im Umland als Festprediger überall willkommen.
Die Leibeigenschaft der Bauern war um die Mitte des 19. Jh. zu Ende gegangen. Der Zehnte mußte nicht mehr an den Grundherrn abgeliefert werden. Das besorgte fortan das Finanzamt rascher und intensiver. Doch eine nette Geste dieser Zeit blieb noch für Jahrzehnte auf den Dörfern erhalten. Nach dem Schlachttag brachten die Bauern ihrem Pfarrherrn ein Stück Fleisch und ein paar Würste.
Eines Abends schellte die Glocke am Pfarrhof. Draußen stand ein Landwirt, den der Pfarrer als fleißiges Kirchenchormitglied schon seit Jahren kannte. Freundlich war die Begrüßung. Der Mann übergab, was seine Frau eingepackt hatte. Der Geistliche freute sich darüber und lud den Bauern zu einem Glas Wein ein. Der kostete davon, wischte sich den Mund mit dem Handrücken ab und sprach: „Ei, ist das was Gut's! Herr Pfarrer, ich hab schon oft gehört, daß unser Herr-

gott für jeden Menschen des Tages ein Krüglein Wein hat wachsen lassen. Ich krieg aber diesen Wein nie zu sehen und weiß auch nicht, wer ihn trinkt".
Der Pfarrer antwortete: „Ihr habt recht. Unser Herrgott hat neben Müh' und Plag die Freuden und Wonnen des Lebens an alle Menschen verteilt. Ich weiß auch, daß Gott für jeden Mann ein Weib erschaffen hat, und dennoch habe ich keines. Ich will euch die Sache kurz erklären. Ihr habt nämlich mein Weib und ich trinke euern Wein".

Gute, alte Zeit ade!

Das Jahr 1925 brachte den Königsbrunnern den elektrischen Strom. Vorerst aber nur in die Häuserzeilen links und rechts der B 17. „Rußland" sollte wegen seiner verstreut liegenden Höfe erst später an das Ortsnetz angeschlossen werden. An das Angenehme, das der elektrische Strom brachte, gewöhnten sich die Bewohner rasch. Da schwärmte in der Gaststätte „Zur Krone" ein Bauer aus der Hauptstraße seinem Freund aus „Rußland" von dem hellen Licht vor, das man jederzeit durch einen Knopfdruck an- oder ausmachen könne. „Mei, des kannst du dir gar net vorstelle, wia g'schickt des isch. Bis in d'Nacht nei kannst dir dei Liacht im Stall oder auf der Tenna ei'schalta, gr'ad wie du's brauchst".
„Ja, wenn des so isch", sprach enttäuscht der Bauer aus dem 'Rußland', „daß man koin Feierabend mehr kriagt, dann loß i des Elektrische gar nie net einrichta!"

Königsbrunner Hochzeitsschatulle

Unser Lechfeldmuseum

Aus welchem emaillierten Blechteller der Königsbrunner Bauer vor hundert Jahren seine „Schupfnudla" mit Kraut gegessen hat, welches G'wand Frau Bäurin trug, wenn sie am Sonntag zur Kirche ging oder mit welcher selbst ersonnenen Falle der Großvater die Mäuse im Haus jagte – auch im nächsten Jahrhundert soll es nicht vergessen sein. Wie und in welcher Umgebung der Bauer dereinst lebte, wie und womit er arbeitete und werkelte, unser Museum soll ein getreues, eindrucksvolles und umfassendes Bild davon geben.

Der Einzug der Technisierung in der Landwirtschaft hat seit 1950 den meisten Bauernhöfen die Lebensexistenz genommen. Im Zuge dieser rasch voranschreitenden Entwicklung geraten die alten, einst verwendeten Werkzeuge und Geräte, ihr Zweck und ihre Handhabung immer mehr in Vergessenheit. Hinter dieser verschwindenden Welt steht nicht allein ein Kapitel Kulturgeschichte, denn Werkzeuge und Geräte können auch ein unmittelbares Zeugnis vom Menschen geben, der es erfand, herstellte und es oft jahrhundertelang fast unverändert handhabte.

Bauernküche

Als Königsbrunn, das längste Straßendorf in Bayern, zur Stadt erhoben wurde, wußte ich, daß die bäuerlichen Züge rasch verloren sein werden. Soll die Jugend später einmal über die Geschichte ihres Heimatortes nur auf dem Papier informiert werden?
Damals reifte in mir der Gedanke, alles zu sammeln, was zum Leben unserer Vorfahren gehörte. Nur wenige können sich vorstellen, mit wieviel Arbeitskraft und Schweiß die Siedler dem steinigen Lechfeldboden die Ernten abgerungen haben.
Auf einer Fläche von über 600 qm zeigt das Lechfeldmuseum den Besuchern einen vollkommen eingerichteten Bauernhof mit Küche, Wohnzimmer, Schlafzimmer und Stadel. Vom Strohschneider bis zur Dreschmaschine sind alle Gerätschaften in unserer Sammlung. Noch bis 1900 wurde auch in Königsbrunn für den Eigenbedarf von allen Bauern Flachs angebaut. Wir zeigen den Werdegang und die Verarbeitung des Flachses von der Naturfaser bis zum handbedruckten Leinen.

Schlafstube aus dem „Fohlenhof" um 1900

Stadel für bäuerliche Geräte

Interessant ist die Entwicklung des Bügeleisens oder die stetige Veränderung und Verbesserung des Wäschewaschens vom Wäschebleuel, mit dem jahrhundertelang die Wäsche im Wasser geschlagen wurde, über das Rubbelbrett zur ersten Waschmaschine, die noch von der menschlichen Hand bewegt wurde.

Rummelplatz

Überraschungen bieten weitere Räume für Handarbeiten, Trachten, Hochzeiten und die Taufe. Doch am meisten staunen groß und klein, wenn wir den Saal mit den vielen selbstgebastelten Spielsachen betreten. Auf dem Rummelplatz sind Riesenrad und zwei Karussells hell erleuchtet. Sie drehen sich, und aus einer Orgel erklingen Rummelplatzmelodien. Auf dem Platz mit Schießbude und Verkaufsständen tummeln sich etwa 100 Püppchen. Von der Biedermeierzeit ab zeigen wir aus jeder Epoche Puppenhäuser und Puppenstuben. Heute schon

Wertvolle Markenpuppen vor 1900

Augsburger Puppenstube um 1890

vollkommen vergessen sind die Flohfallen aus dem 18. und 19. Jahrhundert. Dabei waren sie damals für jede Dame so selbstverständlich wie heute der Lippenstift. Wer kennt nicht Funktion und Sinn des Augsburger Nonnenspiegels – oder die ersten Geburtstagstäßchen der Biedermeierzeit?

Geburtstagstässchen

Besuchen Sie das Lechfeldmuseum!

Sie werden überrascht sein und viel Freude haben.
Führungen: Jeden 1. Sonntag im Monat um 9.45 Uhr und 11 Uhr.
 Und nach telefonischer Vereinbarung: ☎ 0 82 31 / 48 75

In den letzten Jahrzehnten sind wir unserer Vergangenheit immer mehr bewußt geworden. So hat das Lechfeldmuseum die Aufgabe, zu zeigen, wie unsere Vorfahren lebten. Viele Bürger halfen beim Aufbau und der Einrichtung, schufen mit an dieser Liebeserklärung an ihre Stadt. Als Ort sind wir noch jung, doch belegt die Archäologie eine uralte Besiedlung und damit eine geschichtsträchtige Vergangenheit.

Zum Ausblick:

Königsbrunn, eine Stadt mit Zukunft

Unsere Heimatgemeinde ist im weiten Rund unserer Nachbarn eine Ausnahmeerscheinung: das ehrwürdige Augsburg, von den Römern gegründet, kann als eine der ältesten Städte Deutschlands auf eine über 2000-jährige Geschichte zurückblicken, und die Orte an der Wertach und Singold sind während der alamannischen Landnahme vor mehr als 1000 Jahren entstanden.

Königsbrunn dagegen verdankt sein Dasein mehr oder weniger dem Zufall. Just an jener Stelle des öden Lechfelds ließ eine wohltätige Regierung unter König Ludwig I. von Bayern Brunnen graben zur Labung von Mensch und Vieh, wenn sie auf staubiger Straße die karge Ebene durchzogen. Dies war der Anlaß zur Siedlungstätigkeit, denn bald fanden sich an diesen Brunnen die ersten Colonisten ein, und der Grundstein zu einer neuen Gemeinde war gelegt.
An anderer Stelle dieses Büchleins ist noch manches über die Geschichte unserer Heimat nachzulesen, so daß ich dies hier vernachlässigen kann.
Es sei nur bemerkt, daß die Entwicklung zunächst hektisch, weil die Grundstückspreise minimal waren, und ungeordnet verlief. Die Ankömmlinge gründeten ihre Anwesen an der Straße und legten dahinter ihre Felder an, so daß ein langgezogenes Straßendorf entstand.
Diese ziel- und planlose Besiedlung hielt bis nach dem 2. Weltkrieg an.
Als aber ein riesiger Strom von Flüchtlingen und Heimatvertriebenen auch nach Königsbrunn verschlagen wurde, war die Wohnungsnot groß, Neubauten waren deshalb notwendig und Überlegungen zu einer sinnvollen Bauleitplanung unumgänglich.
Glücklicherweise war 1948 mit Fritz Wohlfarth ein dynamischer jung-

er Mann zum Bürgermeister gewählt worden, der mit Weitblick und Unternehmungsgeist die Geschicke des Ortes in die richtigen Bahnen lenkte. Zur Seite hatte er Frauen und Männer im Gemeinde- und Stadtrat, die seinen revolutionären Ideen folgten und so die Grundlagen schufen, um ein Gemeinwesen zu schaffen, das mit seinem hohen Wohn- und Freizeitwert Anziehungspunkt wurde für, vor allem junge Familien.

Dieser zielstrebige Aufbau wurde auch von höchster Stelle gewürdigt und anerkannt. Deshalb wurde dem Antrag des Gemeinderates auf Verleihung der Bezeichnung „Stadt" stattgegeben.

Am 28. April 1967 wurde dieses bedeutungsvolle Dokument durch den bayerischen Innenminister Dr. Bruno Merk unterzeichnet.

Mittlerweile sind 25 Jahre ins Land gezogen und haben aus dem einstmals längsten Straßendorf eine freundliche Stadt mit ca. 23.000 Einwohner werden lassen, in der es sich lohnt zu leben.

Mit viel Energie und Ausdauer haben engagierte Bürgermeister und Ratskolleginnen- und -kollegen zusammen mit stets aufgeschlossenen Bürgerinnen und Bürgern alle Probleme gemeistert, die sich nicht zuletzt auch aus der Armut unserer Lechfeldgemeinde ergaben.

Nun, im Jubiläumsjahr 1992, präsentiert sich unsere Stadt als ein wohlgestaltetes Gemeinwesen mit einer ausgewogenen Infrastruktur, das zu den „schönsten Hoffnungen Anlaß gibt"; damit soll auf das jugendliche Alter angespielt werden. Denn 25 Jahre sind im Leben eines Menschen eine relativ kurze Zeitspanne, im Leben einer Stadt natürlich erst recht. Aber wir alle, die wir am Entstehen unseres „Jubelkindes" mitgewirkt haben, sind stolz auf das Erreichte und hoffen und wünschen, daß dieses Geburtstagskind, das uns Heimat gibt, auch in der Zukunft in Frieden und Freiheit gedeihen kann, bewohnt von zufriedenen Bürgern, die diese Zukunft positiv mitgestalten.

Und in den kommenden Jahren gibt es noch viel zu tun.

Unser Königsbrunn liegt in der Gunst der ansiedlungswilligen Familien und von Handel und Gewerbe immer noch ganz weit vorne – das war nicht immer so. Mit Naserümpfen vermerkte manch Außenstehender: nach Königsbrunn zieht man nicht, und glaubte, damit seine besondere Vornehmheit unterstreichen zu müssen.

Aber wie gesagt, auch das ist Vergangenheit. Heute sind unsere neuen Wohn- und Gewerbegebiete begehrte Bereiche.
Dies zeichnet sich auch durch die steigende Steuerkraft, durch die Zunahme der Gewerbe- und Einkommensteuer ab. Damit wachsen aber auch die Aufgaben.

Königstherme mit Wasserrutsche

Neben weiteren Einrichtungen, wie Schulen, Kindergärten, Horten und Jugendzentren, darf der Bereich Freizeit und Erholung nicht vernachlässigt werden. Gerade auf diesem Gebiet sind durch die ständig schrumpfende Arbeitszeit und damit steigende Freizeit besondere Anstrengungen notwendig. Ist die seit Jahren in der Gunst der Besucher immer mehr zum Magnet gewordene Königstherme – trotz aller Unkenrufe – aus unserem Freizeitangebot nicht mehr wegzudenken, wird uns in den kommenden Jahren der Ausbau des Freizeitparks vor große Aufgaben stellen.
Hoffentlich sind hier die Grundstücksbesitzer bereit, an dieser wichtigen Einrichtung mitzuwirken.

Ein anderes, heikles Thema ist, wie in allen Städten, der Straßenverkehr. Noch haben wir ausreichend Parkplätze, unser Straßennetz ist weitgehend schlüssig und funktionell ausgebaut; nur wenige Maßnahmen sind noch notwendig: Verlängerung der Wertachstraße bis zur Bobinger Straße, Anschluß der Blumenallee zur Wertachstraße, Durchstich der Raiffeisenstraße zur Egerländer Straße, um nur die wichtigsten zu nennen. Dazu bedarf unser Radwegnetz der Ergänzung, um die Zentren der Stadt und die Freizeitbereiche mit dem Fahrrad zu erreichen.
Neben dem Individualverkehr wird hoffentlich in absehbarer Zeit auch das Massenverkehrsmittel befriedigend seine Aufgabe erfüllen. Die Straßenbahn nach Augsburg, Wunschtraum von Generationen, wird kein Allheilmittel werden.
Wichtig ist für uns ein innerörtlicher Ringverkehr, der nichtmobile Bürger – ältere Menschen, Kinder und Jugendliche, Frauen mit Kleinkindern – mit einem öffentlichen Verkehrsmittel aus den Wohngebieten zu den zentralen Bereichen bringt. Dies ist aber wohl nur im Verbund mit dem AVV zu schaffen, und das ist nicht einfach.
Die Stadtwerdung einer Siedlung ist aber auch nicht nur durch eine gut funktionierende Infrastruktur, durch bürgergerechte Verkehrserschließungen und entsprechende Einrichtungen für Freizeit und Erholung zu erreichen. Ein urbanes Zentrum muß den Mittelpunkt einer Kommune bilden, das Anreiz bietet für Besucher, nicht nur aus unseren Wohngebieten, sondern auch aus den Einzugsbereichen.
In einem Straßendorf, wie es Königsbrunn war, einen solchen städtischen Kern zu entwickeln, ist eine schwierige Aufgabe, die nicht im Handumdrehen zu lösen sein wird.
Sicher ist, daß die alte B 17, die Hauptverkehrsader als Nachfolgetrasse der Hochstiftstraße und der Via Claudia, heute ihre Bedeutung als „Hauptstraße" für den Durchgangsverkehr verloren hat. Diese Aufgabe hat die B 17 neu übernommen. Deshalb wird es notwendig, diesem Straßenzug auch den Charakter einer Trennungslinie zu nehmen und ihn in Teilbereichen aufzuweiten, auf zwei Spuren zurückzuführen, umzugestalten, unter Umständen sogar zu unterbrechen, um nur einige Möglichkeiten anzudeuten, um Raum zu schaffen für ein pul-

sierendes Leben, das der zwischenmenschlichen Begegnung dient, eben echt einen Stadtkern zu fixieren, der den Ansprüchen der Bewohner gerecht wird. Dazu müssen Voraussetzungen wie Seitenanbindungen, Umkehrmöglichkeiten und Parkplätze geschaffen werden, um in einem verkehrsberuhigten Abschnitt die Gestaltung dieses Zentrums sinnvoll werden zu lassen.
So stehen wir im Jubiläumsjahr 1992 wiederum vor einem bedeutenden Abschnitt der Stadtgeschichte. Schwerwiegende Entscheidungen, die alle Bürger angehen, müssen getroffen werden.
Nach dem raschen Auf- und Ausbau unserer Kommune in den ersten Nachkriegsjahrzehnten, wo Wohnraum und Arbeitsplatz dominant waren, folgte die Konsilidierung der Infrastruktur und des Wohnwerts. Jetzt müssen die Weichen gestellt werden, die urbanes Denken und Handeln möglich machen.
Deshalb wünsche ich mir, daß der Rat unserer Stadt und alle Bürger weiterhin mit Tatkraft und Vertrauen zusammenwirken, um die hochgesteckten Ziele zu realisieren.
Dann wird unser Königsbrunn auch in Zukunft seinen Bürgern echte Heimat sein.

A. Metzner
1. Bürgermeister

Der Stadtrat im Jubiläumsjahr

untere Reihe v. l. n. r.: Jürgen Zerfaß, Wilhelm Wüst, Horst Günzel (3.Bgm.), Walther Engelhardt, Johann Wiedenmann (2. Bgm.), Hermann Gumpp, Helmut Schulz

mittlere Reihe: Wilfried Bauer, Walter Seckler, Brigitte Niemes, Alfred Wenninger, Adam Metzner (1. Bgm.), Heinz Müller, Hartmut Siebenhaar, Ursula Jung, Anton Kurz

obere Reihe: Friedrich Wohlfarth jun., Erna Dörle, Heinz Buchberger, Erwin Gruber, Wolfgang Lemke, Josef Zeller, Sibylle Linsenmaier, Herbert Christel

Auf dem Bild fehlen: Manfred Buhl, Hans Geirhos, Peter Henkel, Andreas Mayr, Wolfgang Peitzsch, Heinz Streubel, Gräfin Mechthild v. Luxburg

Legislaturperiode der Bürgermeister seit Gründung der Gemeinde Königsbrunn

Lfd.-Nr.	Zeitraum ab	Namen der Bürgermeister	Bemerkungen (Berufe, etc.)
1	4. 1. 1842	Vogel Michael	Gemeindevorsteher
2	5. 11. 1842	Bork Philipp	Gemeindepfleger
3	18. 4. 1844	Kögel Isidor	Gemeindepfleger
4	10. 6. 1844	Hadereker Anton	Schneidermeister
5	3. 11. 1847	Waldmeyer Anton	Kolonist
6	1850–1851	Regnier Ignaz	
7	1851–1854	Benz Sebastian	Kolonist u. Krämer
8	1. 10. 1854	Wahl Jakob	Kolonist
9	1857	Luger Lucian	Zimmermann
10	1866	Rager Johann	Schreinermeister
11	1874 2 Mon. Vertretung	Schabert Kaspar	
12	1874	Wahl Matthias	Sohn d. Jak. Wahl
13	1900	Wahl Johannes	Sohn d. Matth. Wahl
14	1. 1. 1912	Pfitzenmaier Jakob	Gast- u. Landwirt
15	1. 1. 1925	Brehm Leonhard	Kaufmann
16	1. 1. 1930	erneut Pfitzenmaier Jakob	Gast- u. Landwirt
17	20. 5. 1935	Schreijak Jakob	Landwirt und Bäckermeister
18	8. 5. 1945	Herget Hermann	Landwirt; eing. durch amerik. Militärregierung
19	5. 12. 1945	Salvamoser Xaver	auf Vorschlag der amerik. Militärregierung
20	1. 5. 1948 – 30. 4. 1984	Wohlfarth Friedrich	demokratisch gew.
21	1. 5. 1984 bis heute	Metzner Adam	Rektor

Die Kreisräte Königsbrunns seit 1946

Adler Reinhold	WGFl	1952-1956/1960-1966
Aue Kurt	CSU	1978-1990
Bachinger Fritz	SPD	1946-1948
Bernbacher Josef	CSU	1946-1952
Buhl Manfred	SPD/BF	1990–heute
Engelhardt Walther	FWG	1984-1990
Geierhos Helmut	SPD/CSU	1972-1984
Gumpp Hermann	PDD	1990-heute
Hafenrichter Franz	SPD	1972-1978
Handschuh Johann	CSU	1960-1972
Herget Hermann	SPD	1952-1956
Jung Ursula	Die Grünen	1990–heute
Leimer Wilhelm	CSU	1960-1966
Lembert Walther	SPD	1960-1966
Leupolz Emma	CSU	1990-heute
Liersch Ingo	CSU	1984-heute
Luger Ludwig	CSU	1948-1952
Matzinger Wolfgang	SPD	1984-1991
Metzner Adam	CSU	1972-heute
Miksch Heinrich	WGFl/SPD	1952-1956
Niemes Brigitte	CSU	1972-1984
Pick Udo	Die Grünen	1984-1990
Salvamoser Xaver	CSU	1946-1948
Schad Ludwig	SPD	1948-1952
Scharrer Christian	FWG	1960-1966
Schuster Wilhelm	WGFl	1952-1956
Stark Georg	CSU	1948-1952
Strehle Georg	CSU	1946-1948
Strehler Walter	WGFl	1960-1966
Teichner Albert	PDD	1990-heute
Treutler Otto	FWG	1966-1972
Viehl Josef	CSU	1960-1966
Wenninger Alfred	SPD	1984-1990

Wenninger Johann	SPD	1952-1956
Wenninger Johann	SPD	1960-1966
Wiedenmann Johann	FWG	1990-heute
Wohlfarth Friedrich	CSU	1952-1978
Wonneberg Alfred	WGFl	1948-1952
Wüst Wilhelm	FWG/FDP	1960-1966/1984-1990
Zerfaß Elisabeth	SPD	1990-heute

Die Gemeinde- und Stadträte seit 1945

Adler Reinhold	WGFl	1952-1966
Aue Kurt	CSU	1978-1984
Bachinger Fritz	SPD	1945-1948
Bachmann Fritz	FWG	1948-1952
Bauer Wilfried	CSU	1978-heute
Bentz Waldemar	CSU	1978-1984
Bernbacher Josef	CSU	1946-1966
Böhm Ignaz	WGFl	1.5.1948 - 4.11.1948
Brabeck Isolde	CSU	1972-1978
Buchberger Heinz	SPD/CSU	1978-heute
Buhl Manfred	SPD/FDP-BF	1984-heute
Christl Herbert	CSU	1966-heute
Dörle Erna	CSU	1990-heute
Dumberger Walter	CSU	1978-1984
Dürner Fritz	FWG	1948-1952
Dürrwanger Andreas	CSU	1945-1948
Engel Ferdinand	WGFl	1952-1954
Engelhardt Walther	FWG	1972-heute
Feeß Heinrich	CSU	1957-1966
Frisch Johann	FWG	1952-1972
Gagstetter Manfred	SPD/FDP-BF	1972-1990
Geierhos Helmut	SPD/CSU	1972-1984
Geirhos Johann	CSU	1952-1972
Geirhos Johann jun.	CSU	1972-heute

Gruber Erwin	CSU	1980-heute
Gumpp Hermann	PDD	1990-heute
Günzel Horst	CSU	1990-heute
Haaf Matthias	SPD	22.2.1960 - 1.5.1960
Hafenrichter Franz	SPD	1966-1978/1983-1984
Haft Robert	SPD	1946-1952
Hager Michael	FWG	1952-1956
Handschuh Johann	CSU	1960-1966
Henkel Peter	CSU	1990-heute
Herden Franz	WGFl	1952-1956
Herget Hermann	SPD	1948-1956
Hirschvogl Paul	SPD	1972-1978
Hübner Bruno	CSU	1966-1978
Ingerl Domenikus	SPD	1967-1972
Jäger Hans, Dr.	FWG	1948-1956
Jung Ursula	Die Grünen	1990-heute
Kestel Josef	CSU	1948-1952
Klepper Valentin	CSU	1946-1948
Kolesnikow Viktor	SPD/NPD	1960-1972
Kottmair Anton	SPD	1978-1983
Krätz Josef	SPD	1948-1952
Krein Adam	FWG	1970-1972
Kreissl Heinrich	WGFl	1954-1960
Kreuzer Hermann	CSU	1972-1979
Kurz Anton	FWG	1990-heute
Leimer Johann	CSU	1972-1990
Leimer Wilhelm	CSU	1956-1972
Lembert Walter	SPD	1964-1967
Lemke Wolfgang	REP	1990-heute
Lenz Franz	SPD	1958-1972
Leupolz Emma	CSU	1978-1990
Liersch Ingo	CSU	1979-1990
Linsenmaier Sibylle	SPD	1990-heute
Löb Ilse	CSU/FWG	1984-1990
Luger Ludwig	CSU	1945-1952

Matzinger Wolfgang	SPD	1984-1991
Mayer Max	CSU	1946-1948
Mayr Andreas	Die Grünen	1990-heute
Mayr Heinrich	CSU	1960-1978
Metzner Adam	CSU	1966-1984
Michl Georg	FWG	1948-1956
Miksch Heinrich	WGFl/SPD	1952-1958
Mittner Anton	CSU	1945-1948
Moderer Richard	CSU	1973-1978
Moser Johann	FWG	1948-1956
Müller Heinz	SPD/CSU	1972-heute
Müller Karl	FWG	1966-1978
Niemes Brigitte	CSU	1972-heute
Oppenländer Georg	CSU	1945-1948
Peitzsch Wolfgang	SPD	1991-heute
Pekrun Hans	CSU	1966-1978
Redel Johann	SPD	1958-1960
Ried Johann	CSU	1952-1966
Robson Ursula	SPD/FWG	1984-1990
Roser Andreas	FWG	1948-1966
Salvamoser Xaver	CSU	bis 5.12.1945
Schad Ludwig	SPD	1945-1948
Scharrer Christian	FWG	1952-1956
Schedel Heinz	CSU	1.5. - 31.12.1956
Schlecht Johann	CSU	1945-1946
Schultheiß Benno	SPD	1956-1960
Schulz Helmut	FWG	1984-heute
Schwarz Johann	WGFl	1949-1952
Seckler Walter	CSU	1966-heute
Siebenhaar Hartmut	SPD	1990-heute
Stark Georg	CSU	1946-1952/1956-1972
Stoya Werner, Dr.	SPD	1972-1978
Stransky Heinrich	WGFl	1948-1949
Straßmeir Konrad	CSU	1966-1990
Strehle Georg	CSU	1946-1948

Strehler Walter	WGFl	1956-1960
Streubel Heinz	FWG	1984-heute
Striebel Ludwig	CSU	1946-1948
Treutler Otto	FWG	1972-1984
Treutler Rudolf	FWG	1966-1970
Tuffentsammer Wilhelm	SPD	1966-1972
Ulrich Fritz	FWG	1948-1952
Viehl Josef	CSU	1952-1984
von Luxburg Mechthild	SPD	1990-heute
Vormann Helmut	SPD	1956-1958
Weisser Hubert	WGFl/SPD	1960-1978
Wenninger Alfred	SPD	1978-heute
Wenninger Johann	SPD	bis 5.12.45/1956-1964
Wiedenmann Johann	FWG	1978-heute
Wohlfarth Friedrich jun.	CSU	1990-heute
Wonneberg Alfred	WGFl	1948-1952
Wüst Wilhelm	FWG/FDP	1966-heute
Zeller Josef	CSU	1990-heute
Zerfaß Jürgen	SPD	1984-heute

Leistungen des Vereins zur Sicherstellung überörtlicher Erholungsgebiete für die Region Augsburg e.V. Erholungsgebieteverein EVA

Maßnahmen des EVA im Bereich Königsbrunn

1. Ilse-Lautersee bisher ca. 850.000 DM investiert.
2. Ausbau der alten Römerstraße Via Claudia.
3. Geh- und Radwegeprogramm östlich von Königsbrunn und 2 Wanderparkplätze (Stadt Königsbrunn, Gemeinde Merching, Markt Mering in Zusammenarbeit mit der Flurbereinigung – EVA Zuschuß ca. 438.000,-)
4. Holzsteg über den Lochbach 1983   7.549,85 DM

5. Naherholungsgebiet Lechstaustufe 23
   (Gesamtausgaben 905.000 DM)
6. Maßnahmen der Jahre 1991-1996
a) Abfinanzierung Ilsesee
b) Bau des Radweges auf der Via Claudia
   Königsbrunn – Untermeitingen
c) Planung Radwegunterführung an der Ortsverbindungsstraße
   Königsbrunn – Mering

Schulbau

König-Ludwig-Schule	1953 – 1954	1.379.521,-- DM
Turnhalle (Ausbau)	1958	155.129,-- DM
Erweiterung	1971 – 1974	5.575.074,-- DM
König-Otto-Schule	1959 – 1960	1.713.626,-- DM
Erweiterung	1966 – 1967	2.640.665,-- DM
Staatl. Realschule	1964 – 1967	6.452.700,-- DM
Staatl. Gymnasium	1967 – 1971	14.096.500,-- DM
Freisportanlage	1978	1.519.500,-- DM
Grundschule Süd	1971 – 1973	7.609.700,-- DM
Doppelturnhalle	1975 – 1978	1.917.500,-- DM
Sondervolksschule	1977 – 1979	5.709.223,-- DM
Grundschule West		
1. BA	1987 – 1988	7.696.030,-- DM
2. BA	1991 – 1992 (gesch.)	11.950.000,-- DM

Straßenbau

Ohne Staats- u. Bundesstraßen	1952 - 1990	66.077 m vollausgebaute Straßen 2.572 m staubfreie Straßen m. Spritzdecke 1.024 m Kiesstraßen
Gemeinde- verbindungsstraßen Königsbrunn - Mering (Lechbrücke m. Zufahrten)	1978	8.343.000,-- DM
Anteil Stadt Meringer Straße Lochbachbrücke		677.816,-- DM 58.500,-- DM
Ostumgehung/Lechstraße südlicher Teil nördlicher Teil Restausbau südl. Teil	1978 1983/84	1.227.500,-- DM 3.726.000,-- DM 1.090.000,-- DM
Westumgehung/Wertachstr. Teil A Teil B	1984 - 1985 1990 - 1991	5.200.000,-- DM

Sonstiges

Altes Rathaus-Umbau	1959 - 1960	68.300,-- DM
Neues Rathaus	1966 - 1967	2.716.900,-- DM
Kinderspielplätze	Stand 1990	24 Anlagen

Öffentliche Grünanlagen   Stand 31.12.1983
(einschl. Schulen u. Straßenbegleitgrün)   650.000 m²

Städtischer Friedhof   1975-1981   1.250.000,-- DM

Aussegnungshalle   1979-1980   2.431.300,-- DM

Wasserversorgung und Kanalisation

Wasserverbrauch	1954	38991 cbm	1986	1.241.320 cbm
veräußerte Menge	1965	286190 cbm	1988	1.283.000 cbm
	1975	675105 cbm	1990	1.428.200 cbm
	1983	1110504 cbm		

Bestand der   1950-1990   98,972 km
Wasserrohrleitungen
Wasserwerk   1975-1979   4.558.100,-- DM

Kanalisation

Ortsbereich   1956-1990   70,2 km

Abwasserverband Untere Wertach:
Anteil der Stadt Königsbrunn   ca. 8,4 Mio. DM

Kläranlage Stadt Augsburg
Anteil der Stadt Königsbrunn   4.169.295,-- DM

Erweiterung gesch. ca. 62 Mio,
davon Anteil der Stadt Königsbrunn   4.170.000,-- DM

Feuerwehrgebäude

Altes Feuerwehrhaus	1949	29.100,-- DM
Bauhof	1962/63	erstellt in Eigenleistung
Neubau Feuerwehrgerätehaus und Bauhof	1971 - 1973	2.604.796,-- DM

Sportstätten

Dreifach-Sporthalle	1980 - 1983	8.863.000,-- DM
Umkleidegebäude mit Tribünendach	1981 - 1983	2.158.000,-- DM
Sportpavillon	1982 - 1983	1.079.000,-- DM
Freisportgelände	1980 - 1983	6.331.500,-- DM
Königstherme mit Eistreff	1983 - 1984	48.560.000,-- DM
Eistreff Kauf	1987	21.000.000,-- DM

Finanzierung:

Rückführung d. Inv. Darlehens der Stadt	7.000.000,-- DM
Zuschuß v. Bund	5.390.000,-- DM
Zuschuß v. Land	4.970.000,-- DM
Zinsverbilligtes Darlehen F + E	<u>3.640.000,-- DM</u>
	21.000.000,-- DM
Verbleibende Baukosten Therme	27.560.000,-- DM
davon Inv. Darlehen d. Stadt	6.000.000,-- DM

(Zinslos — dafür erhalten die Königsbrunner 1/2 Eintritt)

Schülerzahlen in Königsbrunn von 1966 - 1992

	66	67	68	69	70	71	72	73	74	75	76	77	78	79	80	81	82	83	84	85	86	87	88	89	90	91
GS-Süd	--	--	--	527	545	588	601	633	620	577	563	549	510	467	417	382	368	340	323	304	314	324	333	343	373	365
GS-Nord	454	485	--	484	531	--	--	--	--	602	582	457	473	461	480	489	473	487	481	483	517	570	603	467	515	497
GS-West	--	--	--	--	--	--	--	--	--	--	--	--	--	--	--	--	--	--	--	--	--	--	--	185	184	184
Hauptschule	383	404	459	557	609	598	651	740	807	777	806	809	798	765	752	665	630	581	532	482	467	483	505	519	547	559
Realschule	328	462	518	576	617	646	641	683	747	782	863	892	892	901	845	835	719	578	528	452	408	389	378	383	397	--
Gymnasium	73	169	260	383	523	687	808	959	1050	1096	1176	1229	1233	1239	1205	1165	1108	1071	1034	969	904	839	791	818	863	950
Kolping-Berufsschule	--	--	--	--	--	--	--	--	--	--	--	82	167	191	162	182	174	159	217	255	228	224	234	210	169	166
Christopherus-Schule	--	--	--	--	--	--	--	--	--	--	--	--	--	--	--	--	--	--	146	143	140	152	157	191	205	210
Brunnenschule	--	--	--	--	--	--	--	--	--	--	180	179	196	202	199	212	189	199	193	188	179	173	182	183	185	189
Fritz-Felsenstein-Schule	--	--	33	52	74	95	115	127	139	163	175	207	206	206	195	199	206	206	190	202	210	210	223	219	231	240

Einwohnerstatistik der Stadt Königsbrunn

Zeit-punkt	Einwoh-nerstand	Zuzüge	Wegzüge	Ge-burten	Sterbe-fälle	Ehe-schl.	Veränd. geg. Vorjahr	männlich	weiblich	Einhei-mische	Vertrie-bene	Aus-länder	röm.-kath.	ev.	vd.
1966	11.107	1.586	1.062	270	81	40	+ 713	5.450	5.657	7.256	3.283	568	6.557	4.045	505
1967	11.615	1.429	1.132	300	89	43	+ 508	5.680	5.935	7.756	3.427	432	6.889	4.266	460
1968	12.117	1.357	973	220	102	37	+ 502	5.945	6.172	8.052	3.528	537	7.099	4.398	620
1969	12.912	1.638	997	243	89	33	+ 795	6.386	6.526	8.404	3.726	782	7.578	4.595	739
1970	13.131	1.089	976	219	113	50	+ 219	6.506	6.625	8.456	3.751	924			
1971	13.647	1.611	1.210	211	96	34	+ 516	6.805	6.842	8.851	3.782	1.014			
1972	14.100	1.578	1.198	169	96	66	+ 453	7.034	7.066	9.189	3.819	1.092	8.523	4.772	805
1973	14.621	1.563	1.130	176	88	123	+ 521	7.311	7.310	9.502	3.860	1.259			
1974	15.115	1.584	1.171	178	97	124	+ 494	7.556	7.559	9.909	3.916	1.290			
1975	15.422	1.435	1.222	198	104	144	+ 307	7.809	7.613	10.376	3.923	1.123			
1976	16.180	2.057	1.385	194	108	115	+ 758	8.266	7.914	11.105	3.997	1.078	9.892	5.269	1.019
1977	16.477	1.531	1.319	219	134	142	+ 297	8.310	8.167	11.447	4.011	1.019			
1978	17.043	1.749	1.246	203	140	133	+ 566	8.660	8.383	11.940	4.092	1.011			
1979	17.585	1.776	1.339	216	111	161	+ 542	8.928	8.657	12.281	4.232	1.022			
1980	18.115	1.797	1.345	221	143	157	+ 530	9.195	8.920	12.640	4.331	1.144			
1981	18.689	1.786	1.339	253	111	170	+ 574	9.423	9.266	12.943	4.514	1.232			
1982	18.957	1.419	1.281	256	126	173	+ 268	9.449	9.508	13.141	4.546	1.270			
1983	19.162	1.378	1.298	236	113	169	+ 205	9.517	9.645	13.369	4.544	1.249			
1984	19.227	1.323	1.340	246	164	175	+ 50	9.487	9.740	17.989	–	1.188			
1985	19.405	1.502	1.409	222	137	175	+ 178	9.516	9.889	18.196	–	1.209			
1986	19.762	1.487	1.215	235	150	160	+ 357	9.688	10.074	18.542	–	1.220			
1987	20.155	1.424	1.160	272	131	189		9.891	10.264	18.961	–	1.194			
VZ 87	19.231														
1987	19.464	1.424	1.160	272	131	189	– 298	9.527	9.937	18.425	–	1.039			
1988	20.266	1.622	983	285	122	181	+ 802	9.920	10.346	19.066	–	1.200			
1989	21.081	1.961	1.239	242	149	195	+ 815	10.349	10.732	19.828	–	1.253			
1990	22.063	1.943	1.108	315	168	225	+ 982	10.887	11.176	20.654	–	1.409			
1991	22.467	1.212	912	233	100	173	+ 404	11.108	11.359	20.923	–	1.544			

Stand vom 30. 09. 1991

Die Finanzen: Einnahmen seit 1948

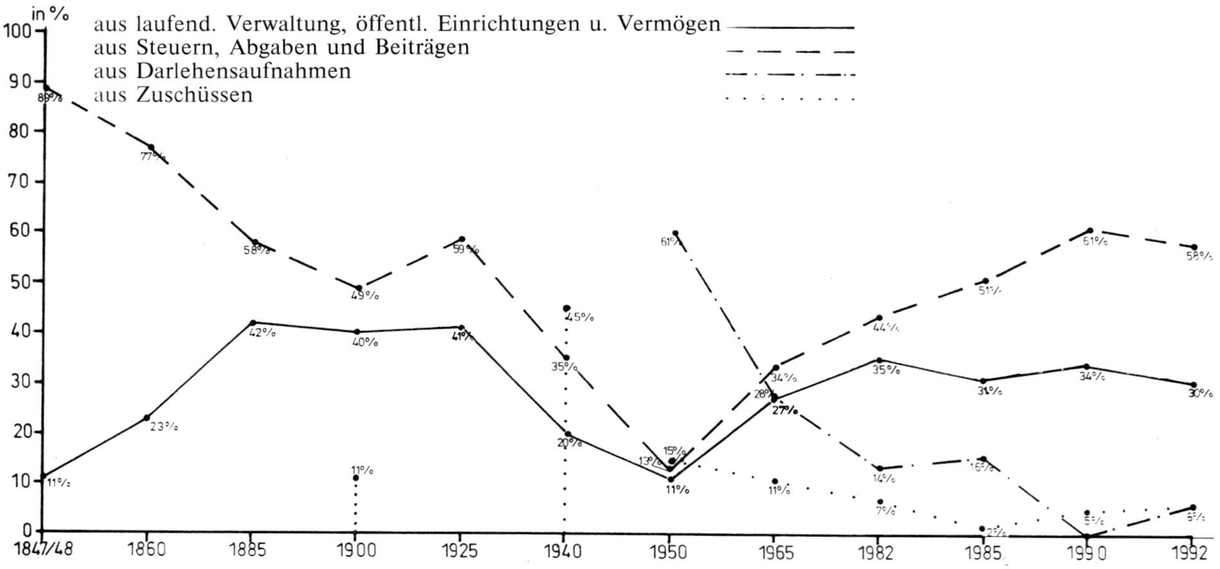

aus laufend. Verwaltung, öffentl. Einrichtungen u. Vermögen ———
aus Steuern, Abgaben und Beiträgen — — —
aus Darlehensaufnahmen — · — · —
aus Zuschüssen · · · · · · ·

Die Finanzen: Ausgaben seit 1948

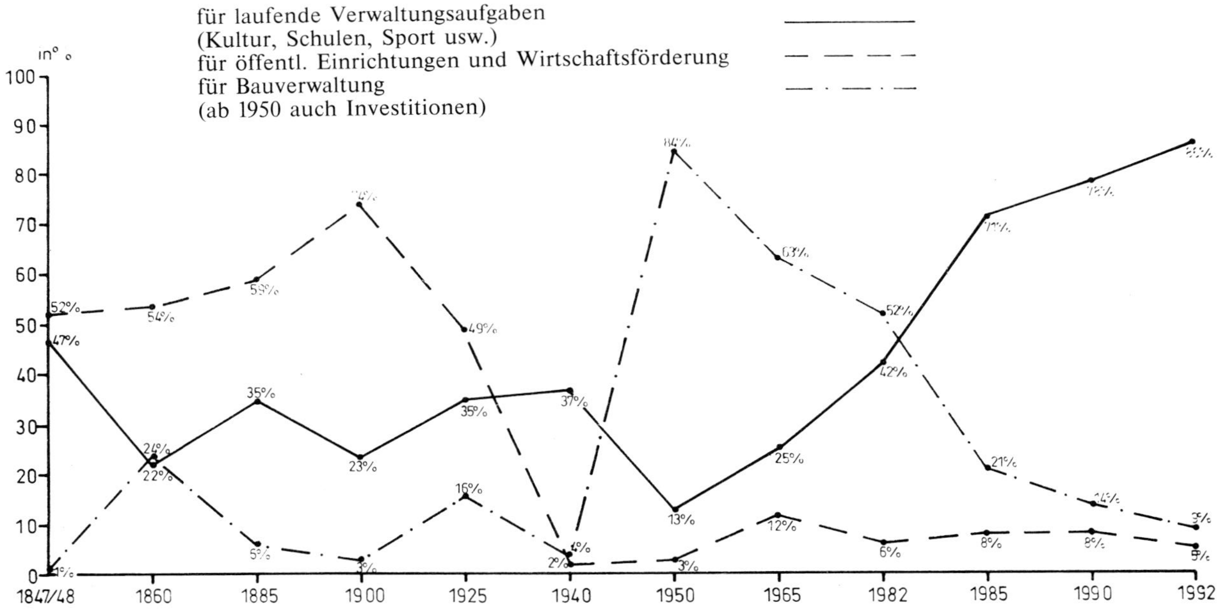

——— für laufende Verwaltungsaufgaben
          (Kultur, Schulen, Sport usw.)
— — — für öffentl. Einrichtungen und Wirtschaftsförderung
—·—·— für Bauverwaltung
          (ab 1950 auch Investitionen)

Literaturnachweise

Teil I.

Bayerisches Landesamt für Denkmalpflege Wolfgang Czysz Bernhard Overbeck	Arbeitsheft 27 (1985: Via Claudia Augusta Münzfund der Villa von Königsbrunn
Bayerisches Landesamt für Denkmalpflege	Ausgrabungen und Funde in Bayerisch-Schwaben 1983-84 Band 79 Seite 46 Königsbrunn (LfD)
Hans Königswaldt	Zwischen Ries und den Alpen (1970): Das Lechfeld
Walter Pötzl Lorenz Scheuenpflug	Der Landkreis Augsburg (1989): Lech Wertach Gebiet
Otto Schneider	Stadt Gersthofen (1983): Stadt Göggingen (1969)
Staatliches Museum für Naturkunde u. Vorgeschichte Oldenburg Wolfgang Czysz	Experimentelle Archäologie in Deutschland Beiheft 4 (1990) Keramiköfen in der Vor- und Frühgeschichte
Hans Peter Uenze	Vor- und Frühgeschichte im Landkreis Schwabmünchen (Königsbrunn Nr. 60-67)

Teil II.

Arndt P.J.A.	Pfarrbeschreibung des Pfarrvikariats, Handschrift des Pfarrvikar Arndt, 1864
Bayerisches Hauptstaatsarchiv München Frei H.	Königsbrunn, die jüngste Stadt Bayerns; Sonderdruck in: Mitteilungen der Geographischen Gesellschaft in München, Band 58, München 1968
Hartung G.	Die bayer. Landstrassen, ihre Entwicklung im 19. Jh. und ihre Zukunft; Leipzig 1902
Huyer E.	Rund um den Kirchturm – Beitrag zur Landschafts- und älteren Ortsgeschichte von Königsbrunn; div. Fortsetzungen in: Königsbrunner Zeitung, 1951.

Huyer E.	Das Lechfeld; Augsburg, 1967.
Huyer E.	Das Verkehrswesen in: Der Landkreis Schwabmünchen; Augsburg, 1974.
Intelligenzblatt der Regierung von Schwaben und Neuburg	div. Jahrgänge
Landkreis Schwabmünchen	Hrg. Landkreis Augsburg; Augsburg 1974.
Lerchenfeld G. Frhr. von	Die Geschichte Bayerns unter König Maximilian Josef I.; Berlin 1854
Maurer B.	Kulturgeographische Wandlungen auf dem Lechfeld; Öhringen, 1937.
Mocker H.	Kirchenchronik St. Johannes Königsbrunn; 1986.
Rohn F.E.W., Pfr.	Fortschreibung der Geschichte der Pfarreien St. Johannes, Königsbrunn; o.J. in: Arndt, 1864.
Rohn F.E.W., Pfr.	Die Entstehung der Kolonie Königsbrunn u.a. handschriftliche Aufzeichnungen, ca. 1911.
Staatsarchiv Neuburg a.D.	insbes. Nr. 808; Bezirksamt SMÜ Nr. 2261; Hypothekenkontrolle Bobingen I/254; Reg.Nr. 3399, 5837; Rentamt SMÜ Nr. 1234, 6226.
Stadtarchiv Königsbrunn	Statistische Daten, Urkunden, Bilder.
Steichele-Schröder	Das Bistum Augsburg; Augsburg 1912.
Teichner A.; Behrendt W.	Königsbrunn, die Stadt auf dem Lechfeld; Königsbrunn, 1984.
Teichner A.; Behrendt W.	Chronik der Pfarrei St. Ulrich zu Königsbrunn; Königsbrunn, 1987.
Vogel R.	Lager Lechfeld – ein Truppenstandort im Wandel der Zeit; in: Landkreis Schwabmünchen; Augsburg 1974.

Wagner J.	Historischer Bericht über die Kolonie Königsbrunn auf dem Lechfeld bei Augsburg von Josef Wagner, exponierter Kaplan in Königsbrunn von 1847 bis 1849; Dürrlauingen, 1851.
Wörle H.	„Der Sinkelbote", heimatliche Beilage zum „Schwabmünchner Tagblatt"; 1.-3. Jahrg. SMÜ 1924-1926
Wohlfarth F.	Interview zum Jubiläum; Stadtarchiv Königsbrunn 1991.
Zorn W.	Kleine Wirtschafts- und Sozialgeschichte Bayerns; München, 1962.

Teil III.

Aberle Andreas Jörg Wedekind	Ludwig Ganghofer, Jagdbuch Von Wald und Wild, von Jägern und Wilderern, Rosenheimer Verlagshaus 1978.
Gerster Matthäus	Aus Schwabens Vergangenheit Nr. 13, Sebastian Sailer Verlag Kepplerhaus Stuttgart
Herz Tasso	Der Hilger und sei Sach Verlag Passavia Passau 1974
Hörmann Walter	„Freunde am Schlagbaum" Charivari Nr. 5 Verlag Bergemann und Mayr Miesbach 1979
Huyer Erich	Rund um den Kirchturm, Beitrag zur Landschafts- und älteren Ortsgeschichte von Königsbrunn
Jörg Theodor	Der Landkreis Krumbach Band 3 Volkskunde Anton H. Konrad Verlag Weißenhorn
Dr. Mancal Josef	Augsburg in alten Ansichten Europäische Bibliothek - Zaltbommel NL 1974
Mayr Manuela	Aus der Serie: „Alte Trachten neu entdeckt" Beilage der Augsburger Allgemeinen Frühjahr 1990
Schramm Heinz-Eugen	Der Witz der Schwaben Verlag Kurt Desch München

Weitnauer Alfred　　　　　　　Aus dem weißblauen Schwabenländle
　　　　　　　　　　　　　　　Verlag für Heimatpflege Kempten 1968

Bildnachweise

Teil I.

Albert Teichner	Seite 7
Arbeitskreis für Vor- und Frühgeschichte (Jahresbericht)	Seite 20, 21, 23, 29
Bayerisches Landesamt für Denkmalpflege (Abt. Vor- und Frühgeschichte)	Band 79, 1985, Seite 46 - Abb. 6 auf Seite 41 Seite 12 auf Seite 43 Abb. 102/Seite 137 auf Seite 45 Abb. 232/Seite 283 auf Seite 53
Bezirk Schwaben u.d. Landratsamt	Kopie der Originalurkunde Seite 48
Hans Peter Uenze	Landkreis Schwabmünchen Tafel 4 Nr. 1, 5-7 Seite 17 (nachgez. v. R. Linke 1991)
Udo Grüber	Seite 22, 24, 26, 38
Verfasser	Seite 11, 13, 15, 18, 28, 29, 30, 32, 36, 37, 39, 46, 47, 50, 52, 54, 56, 57

Teil II.

Stadtarchiv Königsbrunn	Seite 60, 61, 63, 69, 71, 76, 77, 82, 85, 88, 91, 92, 97, 99, 101, 103, 104, 106, 107, 110, 111, 112, 113, 114, 115, 116, 118, 119, 120, 121, 123, 125, 128, 131, 193, 196
Familie Friedel	Seite 74, 75
Margot Kunzi	Seite 66
Staatsarchiv Augsburg	Seite 96

Teil III.

Briefkopf Jakob Hauser	Schloß Sigmaringen, Seite 136
Unser Königsbrunn, 1967	Seite 141, 162, 164
Von Gaber nach Ludwig Richter Gondrom Verlag Bayreuth	Seite 143, 150
Federzeichnung Karl Bauer	Habergoiß, Seite 146
Lechfeldmuseum	Seite 147, 151, 152, 153, 185, 186, 187, 189, 190
Federzeichnung Oliver Kuhn	Seite 156
Federzeichnungen Konrad Seiler	Seite 158, 160, 165, 168, 173
Oskar Pletsch 1862	Seite 179
BLV-Verlag	Seite 179
Omas Kochrezepte, Prisma-Verlag	Seite 184